匍匐在高教改革的路上

賀德芬 著

獻給共同奮鬥過的朋友

匍匐在高教改革的路上

序　臺大九十之反省與行動／張則周	i
自序	iii

I　源頭活水──臺大教授聯誼會

1. 臺大教授聯誼會通訊發刊辭	3
2. 為教授聯誼會作法律定位	7
3. 臺大教授聯誼會興亡錄	14
4. 臺大教授的待遇與地位	29

II　奮鬥紀實──大學教育改革促進會

5. 略說因緣	39
6. 學改會訊發刊辭	41
7.「大學之再生」序	44
8. 高教白皮書的緣起	47
9. 大學法審議過程的回顧	51
10. 大學教育的探討：對教育部教育白皮書的看法	54
11. 但開風氣不為師：學改會兩年的成績單	58
12. 一次全新的學生運動	61
13. 開發原始林：二十世紀八〇年代的校園風雲	64
14. 五二〇學運的檢討與期許	70
15. 重新尋找學社運的生命力：1990年回顧與展望	73

III　實踐之路──臺大鏡社

16. 臺大透視發刊辭 ... 79
17. 落實大學自治應從校園做起：兼賀臺大鏡社的成立 ... 82
18. 邁向學術自由的里程碑：賀臺大自選校長奮戰成功 ... 85
19. 告別思想禁錮的年代 ... 88
20. 論校長選舉與省籍情結 ... 91
21. 臺大校長遴選之回顧與前瞻 ... 94
22. 該是進行校長評鑑的時候了 ... 106
23. 積極推動臺大各系所定期評鑑 ... 111
24. 審慎修訂組織規程為臺灣高等教育負責 ... 113
25. 釐清行政權責才能建立互信 ... 115
26. 釐清校園內立法權與行政權之糾葛 ... 118
27. 校務會議曲解民主真義臺大精神危矣！殆矣！ ... 122
28. 本校組織規程的制訂始末 ... 124
29. 那一年我們在臺大所做的事 ... 129

IV　私校現場

30. 國立大學漲學費教育就公平了？ ... 137
31. 我也有個大學夢 ... 140
32. 敬覆潘教授再談大學夢 ... 144
33. 你為什麼要讀研究所？ ... 149
34. 民主走不進私大的校園 ... 155
35. 開放陸生也解不了私校的燃眉之急 ... 161

V 理念之辯

36. 臺灣教育理念的理想：傳承、創新、責任、人文	167
37. 大學中學生自治的涵義和實踐	172
38. 臺灣高教的老靈魂	193
39. 變革中的大學教育與課程自主	201
40. 共同必修科與誰「共同」？校長會議決議的商榷	216
41. 平心論軍訓教官之存廢	219
42. 凍結軍訓教官員額完成階段性改革理想	221
43. 軍訓教育總體檢	224
44. 教授治校與校園倫理	239
45. 被扭曲的大學自治： 從臺大醫院紅包弊案看大學自治的癥結	242
46. 校園民主失敗是誰的錯？沒有後悔只有失望！	245
47. 評教授治校的荒謬發展	248
48. 超理性的偽理性：大學法六年回顧	251
49. 以學術良知把真相還給歷史	263
50. 重整巨變年代中的高等教育	266

序

臺大九十之反省與行動

張則周（臺大農化系教授）

　　任何一個組織或一個團體如果不知反省，不能團結，又不能堅持理念，記取歷史教訓，最後不是日益沉淪，就是名存實亡。NGO、政黨、國家都是如此，自詡為「學術自由、校園民主」的臺灣大學亦不例外。這個道理遠至千年前治國有方的賢君唐太宗李世民就已用「以銅為鏡，可以正衣冠，以人為鏡，可以明得失；以史為鏡，可以知興替」自我警惕；近至百年前也有意大利史學家克羅齊為關注「歷史對當前有什麼意義？」提出「一切真歷史都是當代史」的命題。這些話都在提醒我們真歷史對當代生活都有預警與啟迪作用，不容忽視。但世上真正能自歷史吸取教訓，並能深切反省者，屈指可數。況且為了個人的聲譽或宣揚某人的功績時，常掩蓋、美化或扭曲歷史真相，如前述李世民，很多人在引用他勵志的警語時，往往不提他是因弒兄逼父，才登上王位的！

　　今日有幸拜讀了賀德芬教授的「匍匐在高教改革的路上」，真正感受到一本真歷史對當代人的啟迪與反思的重要。賀教授退休後，不斷地思索臺灣高等教育失敗的原因究竟在那裡？並為當年前中研院院長，出任行政院教育改革諮議委員會的召集人李遠哲院士承擔了教改失敗的全部責任抱屈，遂決心把參與高教改革以來所撰寫有關高教改革之論文匯集成冊，公諸於世。使年輕一代，一方面知道今日的「大學自治，校園民主」得來

序

不易；另一方面也瞭解高教改革的成果與失敗之處，並進一步探討失敗的原因，認真分辨過去歷史的真偽，不再輕意相信權威；對不合理的規定、政策、制度，痛下針砭，使高教能早日脫胎換骨，避免重蹈覆轍。以下僅就個人三十年來對目前高教改革的觀察，就教於關心臺灣高教改革的先進。

首先我先談，個人認為高教改革的兩大成就：

第一、新大學法的實施確定了大學的自治權

不可否認的新大學法的實施奠定了「大學自治、校園民主」的基礎，但是很少人知道它是得來不易的。自 1987 年臺大學生自由之愛團體赴立法院為大學法請願起，歷經 1989 年大學教授跨校組織「大學教育改革促進會」（教改會），嚴密監督立法院大學法修訂進度；829 名大專教授連署向立法院請願，修訂大學法；上千名大學師生組「新大學行動聯盟」攜手大遊行，訴求校園民主，學術自由；1990 年「教改會」舉辦大學法說明會；1991 年教改會舉辦「大學法研討會」；1992 年教改會先後向教育部與行政院提出「廢止部定必修科目表」聲請書；臺大校務會議通過「校長推舉辦法」；繼而就大學法與教育部長經多次協商；最後，1993 年經學生、教授團體徹夜在立法院靜坐，激烈抗爭後通過，並保留了「大學在法律範圍內有自治權」的條文；經過七年的努力，新大學法修訂後之條文雖未能完全令人滿意，但是由於新大學法確定了大學的自治權，大學才有「大學組織規程」的產生，以及「校務會議為大學最高決策機關」的轉變，基本上已大致符合當年標舉的「學術自由，校園民主、大學自

主、教學治校」的理念,這明顯地是高教改革的最大成就。

第二、「臺大教授聯誼會」的蝴蝶效應

本來籌組教授聯誼會是教授的自然權利,也是自然的需要,不幸的是因事發在解嚴前,引起當政者的驚慌,把它視為一個危險團體,用盡各種的伎倆進行阻止。最後因參加的人數眾多,校方認為已勢不可擋,遂改用黨員大量加入的方式,透過選舉來控制該組織,最後校方的策略雖然成功,但這個過程也是對缺乏政治意識的師生的一種教育,使他們突然警覺到原來臺大有這麼多被「高等教育」馴化成功的教授,這不就是真歷史的呈現嗎?不同立場的教授都能現身,不就是民主時代來臨的前兆嗎?這也更增加了高教改革的合理性與迫切性。雖然「臺大教授聯誼會」因變質,初始會員已集體退會,但「臺大教授聯誼會」九位原創會人賀德芬、黃武雄、李永熾、陳師孟、夏鑄九、廖正宏、林正弘、黃榮村能在戒嚴時期突破樊籬,不畏威權的精神已鼓勵了很多隱性的改革者,使他們覺察到在大學培育有理想,有獨立思考,有批判力、創造力的全人的重要。所以「臺大教授聯誼會」表面上雖然未完全成功,但對臺灣高教界的影響力是難以估計的!

但不可諱言的,高教改革雖已除掉很多障礙,但離當年改革的目標,尚有很遠的路,以下僅分四點說明:

第一、政府對教育的發展缺乏遠見

1994年「四一〇教改聯盟」提出「廣設高中大學」的訴求,

序

其中高中大學是指「公立」高中大學而言，目的是要紓解升學壓力，並為臺灣進入現代社會儲備人才，同時也能全面提高國民素質。教育部的反應是高中職總招生名額已超過國中畢業人數，所以不必再增加公立高中了。但實際上公立高中至今只佔總招生人數的三分之一，在多數家長都希望孩子們能進入優質的公立高中的心理下，十二年國教的實施並沒有減輕升學壓力。至於教育部對增設大學的反應，則是大量升格專科，使專科變成技術學院，甚至再升格成科技大學或一般大學，結果大學由原來的 50 所增加到目前的 160 餘所。其中絕大多數是私立的，而且品質良莠不齊，其中不乏學店型者，曾造成十八分可以入大學的紀錄。2017 年 11 月 23 日行政院已通過「私校轉型及退場條例」草案，將於三年內設 50 億轉型基金協助安置私校學生及教職員工。這就是大量升格的後果，不但沒有減輕升學壓力及提昇國民素養，如今還要浪費公帑，做退場機制。造成這樣的後果，主要的原因是國、民兩黨都是以菁英主義及擴張主義掛帥，寧願把數千億的預算用在毫無勝算且弊端叢生的軍備競賽，及明知不安全仍執意將核能用在發電上，卻不願為國家未來著想，把預算合理地分配在教育上。一個國家如果沒有願景，只重視眼前的經濟發展，不重視如何培育有素養的現代公民，這個國家會有希望嗎？

第二、菁英分子多重權位，不重社會責任

　　臺灣大學是臺灣第一所大學，每年都會培育出許多出色的人才，擔任政府高級官員，上自總統，五院院長以及各部會首

長,其中也不乏在青年時期曾為社運或學運領袖人物,他們對國家社會的貢獻不容否認。遺憾的是一旦進入權力體系,很多官員原有的進步理念、批判思考的精神,逐漸都不見了,與民眾的生活也漸行漸遠,忘記了知識分子在進入權力中心時應盡的社會責任。原以為臺大校長改由遴選產生是教授治校的一大成就。孰料每逢遴選,官場上選舉手法很快就出現在遴選過程中,完全破壞了多年來得來不易的校園自主精神,令人失望!

第三、重科技、硬體,不重人文及全人教育

這些年來教育界演變的基調是大學愈來愈功利取向,今天在高等教育市場化的影響下,大學不斷擴大與科技相關的院系與籌款辦公室、開設各式各樣的科研中心、技術轉移、產學合作。以臺大為例,近年來臺大最大的改變就是增加了很多的大樓,隨時都在擴建蓋房子,幾乎沒有完全不設工地圍籬的時間,不多久一片賞心悅目的草地大樹就被高聳的大樓取代了。學校提供的答案是教授需要研究室,系所教室不足,實驗室需要更新。如果這個理由成立,為什麼全校多年來最需要教學及研究室空間的文學院,它的大樓預定地至今還沒開工呢?由於重科技輕人文,也影響多年來實施的通識課程,不是專業的通俗化就是跨域知識的淺碟化。既不能對文明做反思,又不重視價值思辨;既無法培養學生的獨立思考、獨立判斷的能力更缺乏開創新知識新領域的能力。這絕不是我們當年推動通識教育所希望的。

序

第四、重世界排名，不重視發展臺大獨有的風格與特色

臺大總是信誓旦旦要成為國際一流學府，為了世界排名用盡各種方法鼓勵教授做學術研究，發表論文。但學術研究的主流，主要是解嚴後陸續在國外完成專業訓練的學者，把在國外習得的問題與方法帶回國內應用，並傳授給下一代，固然有利於撰寫論文，增加發表在 SCI 或 SSCI 上的機會。但這些研究主要以西方為主體，與臺灣目前發生的問題相關甚少，即便未來臺大能在世界排名大幅上昇，廣受好評，但與當代臺灣、政治、經濟、文化、思想進程無關，那絕對不值得慶賀。

回顧了解嚴前後臺灣高等教育改革的歷史，也正是賀教授卅年來為高教改革的奮鬥史。賀教授自臺大畢業後即在法律系執教，以學生為中心，德育智育並重，特別強調知識分子的自主性與批判性以及對社會的責任；在學術上更是成績斐然。從憲法到人權都有深入探討的論文發表，其中尤以著作權法見稱。八十年代賀教授走出學院高牆，以其深厚的法學背景投身各項社會改革與高教改革運動。我認識賀教授就從臺大九位教授發起「臺大教授聯誼會」後開始，此後赴立法院請願，籌組「大學教育改革促進會」，支援野百合學運，籌辦「大學法研討會」，參與「100 行動聯盟」，提議「臺大校長應由校內遴選委員會產生」，成立「課程規劃委員會」，就共同必修、通識、軍護體育及教育等科目統籌規劃，籌組「臺大鏡社」，抨擊大學法施行細則之不當，並提請大法官解釋。臺灣高教改革，賀教授無役不與，此外她對媒體改革也十分用心，除參與公共電視的設立，並創立「媒體觀察教育基金會」，力謀媒體生態之改善。

一位知識份子能像賀教授一樣,除培育英才著書立說外,還能堅持理念,不計名利,改革高等教育,改善媒體生態,進而型塑臺灣新文化,誠屬難得。

　　明年為臺大九十年校慶,我們何不共同做一件事,可舉辦一次連續三天的「臺大九十反省與行動」研討會,臺大師生、校友共同檢討臺大創校以來,我們究竟建立了那些優良傳統?特有的風格與精神?我們犯過那些嚴重的錯誤?研討會的第三天,將與會者所提的問題與建議做進一步的思辨、討論,所得的結論,提供校方做教學與研究的參考。須要更深層探討的議題則交由「臺大校務會議」或新成立的「臺大校務會議智庫」,與監督團體,繼續堅持「學術自由,校園民主、大學自主、教授治教」的理念,積澱臺大新的風格與精神,使臺大不但能培育出建構臺灣新社會的人才,更能培育出有理想、有世界觀、有獨立批判思考及創新能力的全人,共同為創造具有臺灣特色的新文化,新社會奉獻!最後請大家莫忘批判,反省是知識分子的義務,行動是做為人的條件!

張則周

謹致

2017. 10

自 序

自 序
誰該為高教改革失敗負責！？

　　曾經炙烈火熱的教育改革運動，至今已偃旗息鼓，平靜無波，猶如黃粱一夢！

　　二十年教育改革算是失敗了！全國人民都這麼說，究責的箭頭則直指前中研院院長，李遠哲先生。

　　每當聽人這麼說起，我心頭總有些過意不去。我不也是始作俑者？倖因人微言輕，終就逃過了排山倒海而來的責難。每每一面為李院長叫屈，一面也不停的捫心自問，深深地檢討，究竟出錯在哪裡？

　　那一年，我們在臺大籌組教授聯誼會，意圖打破禁忌，取回教授在校園的主體性，開創校園的民主風氣時，正如預期般遭到百般阻撓，進行得極不順利。來年，我趁到哥倫比亞大學做訪問學人之便，先到柏克萊去拜訪剛因獲得諾貝爾獎而聲名大噪的李遠哲先生，請求他聲援我們的校園民主運動。當時他就發表了校園民主、教授治校的言論，給與我們極大的鼓勵。

　　後來，李院士歸國接掌中研院，頂著眩人耳目的光環，參與了各種活動，包括教育的和政治的，且於1992年出任了行政院教育改革諮議委員會的召集人，以至要承擔教改失敗的全部責任，雖是十分沉重，卻也莫可奈何。只能在立法院備詢時，為未能減輕孩子的課業壓力而公開道歉。

　　臺灣的教改運動，啟動於上世紀八〇年代。那個時候，全球都在騷動！西方國家已度過了七〇年代的虛無不安，石油危

自 序

機,正準備進入以知識經濟為主的新生活模式,以及迎接網路世界所掀起的第三波文明革命,而有不同於嬉皮當道時的新局勢。

在臺灣,經濟上正處於高峰鼎盛時期,面臨守成、轉型的考驗,急需大幅度的自由開放,方能緊隨西方的腳步。同時,在政治上不只呼應經濟發展的需求,也必須回應社會上要求自由民主的動能,是處在集權解嚴的邊緣,隨時就要衝破已薄如蟬翼的統治權威,朝民主的國度邁進。

同樣的氛圍,在大學校園裡,校園自治的要求,也早已透過刊物審查、學生懲處的抗爭,點燃了火苗。當改革的力道蓄勢待發,自然以去政治化,擺脫政治控制,捍衛學術自由,推動校園自治成為第一項工程。

大學要求自由自主,不只關係學術的尊嚴,真理的追索,知識經濟的發展更需要獨立、自由的研究環境,才談得上「創新」、「卓越」!

關於高教改革,當時,標舉著「學術自由、校園民主、大學自主、教授治校」的理念,首先致力於法制的建立。從 1989 年在立法院為大學法請願,到新大學法於 1994 年 1 月 8 日正式施行,這其間,透過無役不與的努力,終於,大學法人化,取得了獨立自主的地位;校務會議成了校內最高決策機關,落實了教授治校的概念。

大學法確立了自治權後,透過臺大的校務會議,將軍護課改為選修;臺大趕在新法修正公布前,進行了校長民選的破天荒壯舉。接著,透過大法官 380 號解釋,宣告教育部的施行細

自　序

則違憲，因此而確保了大學的課程自主權；450 號解釋，確定軍護課程由大學自訂，大學法軍訓室的設置違憲；563 號解釋，闡明立法機關不得任意以法律強制大學設置特定之單位，侵害大學之內部組織自主權，行政機關亦不得以命令干預大學教學之內容及課程之訂定，而妨礙教學、研究之自由。

　　截至此階段，我們可以大聲的說，改革的訴求幾乎全面達成，大學的人事、課程自主取得了法律保障，高教改革運動是成功的！！！

　　然而，為求法制的落實，當戰場必須轉為校內的實踐時，高教改革的失敗於焉開始。

　　而這一切，全都是「選舉」惹的禍！

　　大學校長民選，是落實大學人事的自主權最高策略，理念上絕對正確。錯就錯在世俗的、政客模式的選舉惡習全面入侵校園，劣幣驅逐良幣的效應擴散，致使大學改革的努力和成果，全盤崩潰。

　　第一屆臺大校長最後一次遴選委員會，當天深夜在行政大樓的第一會議室裏，要送校務會議的決選名單一經揭曉，頓時，屋裡氣氛低沉，有人哀聲嘆氣，有人捶胸頓足，懊惱自己過於算計，投錯了票，讓最不該上榜的人擠進了名單。大家心裡雪亮，什麼人會最後雀屏中選，已是很明白的了。

　　白天一直很清亮的天空，突然下起了傾盆大雨，雷電交擊。我的車子開在建國高架橋上，雨刷急速地來回打著，我的眼淚也回應著上蒼，滂沱的流著。說不出為的什麼，只覺得無比空虛。或許是感慨奮鬥了這麼多年的理想，卻彷彿以一場鬧劇落

自 序

幕,也或許為追尋現代大師的美夢落空,我是這麼無能為力而悲傷吧!

果然,第二天一大早,結果發布後,有一個自稱是醫學院教授的蒼老聲音來電,要我為臺大負責。我無言以對。

法律制度,本是西方文明以人性本惡,須以制度約制而發展出來的。孰知,橘逾淮而為枳,權力更讓人腐化,法制度到了臺灣竟成了野心者謀取權位最正當的工具。

不惜盡一切手段,透過操控大學內部組織規程的修訂,史上第一個大學民選校長,竟讓自己校長一任坐上十二年。

時光流轉,十二年終於坐滿了。當時痛心疾首,如今阿Q些轉個念頭,時代畢竟是在進步中的。究竟不敢像戒嚴初期的老民代一般,透過修法,將自己職務改為終身職。爾後的校長,再也破不了這個紀錄,還有因涉及學術倫理的醜聞,連一任都做不下去的。

一切有為法,如夢幻泡影,如露,亦如電。榮華富貴也不過一場浮雲幻夢。為了一己之私,扭曲民主的實質正義,讓校園民主僅存形骸,靈魂並精神俱亡!

從此,大學校長不再是社會清流、意見領袖。不再需要崇高的學術地位,典範的道德人品,也不再負擔提升學術、端正學風的重責大任。影響所及,不只大學更形庸俗化,學術品質每下愈況。大學校園不再是追求理想的聖地,而成為競逐功利的經濟體。連帶著,社會上民主精神、價值理念也更形虛矯功利。

所以,在最關鍵的時刻,這些私心自用,只為謀自利,而

xv

自　序

摧毀改革成果者,難道不是高教改革失敗的罪魁禍首?不應該為高教改革失敗而負責?

這以後,從政治形式上民主化。政黨輪替的2000年前後開始,不到20年間,高等教育就在官僚和政客恣意的在政權鞏固、意識形態、利益分配、酬庸犒賞等框條壟罩下,歷經15個行政院長、11個教育部長。 這些五日京官,即使身負長才,恐也難有伸展的餘地。政隨人轉,人去政息。何況,其間不少是既無專業,也乏才略,更缺堅定的教育理念,或宏偉的前瞻信念,只掛念著意識形態和政治利益者。

在這些如走馬燈來去的教育大員,如高空煙火般的教育政策下,從瘋狂的廣開大學之門,到瞬息萬變的多元入學、課綱爭議、頂尖計畫、量化學術品質(SCI、SSCI),鼓吹追求卓越,獎勵競爭,乃至最近的玉山深耕計劃等等,套句某部長的話,真是罄竹難書。口號極為漂亮,卻對高教品質是在日侵月蝕,逐漸臻於崩壞。

尤其可悲的是,執政者不但對高教發展缺乏洞見,沒有具前瞻性的政策方向。還完全沒有自信,只知拾人牙慧,跟著歐美國家高喊「競爭、卓越」,以進入人家制定標準的排行榜為目標。結果畫虎不成反類犬,忘卻了教育的地域性,高估了臺灣的競爭能力,及邊陲地位,盲目追隨歐美社會因應知識經濟時代來臨,而使高教淪入資本主義的虎口。只知以利誘之,以經費及各種名目的獎助,以量化為績效標準。卻又缺乏西方社會令人信服並公平的審查及評鑑基準,而,金錢的分配又操控在少數學閥手中,令大學校園全面向金錢靠攏以外,還分配極

自 序

為壟斷，活生生的掉入學術資本主義的陷阱之中。

希臘神話中，有一個名叫「普羅克斯特」的壞蛋巨怪，是海神普希頓的兒子。他躲在埃勞西斯和雅典平原之間，抓住過往的行旅，抓到以後就把獵物身上的東西剝個精光，然後令他橫臥在床上。如果床太短，就把長出來的腳砍斷，如果腳太短，就把手腳綁住，硬把她拉長跟床等齊。

臺灣高教，豈不就是自願入甕的倒楣鬼。

原已奮鬥到手的學術自由，大學自治，這些年來，透過經費、評鑑、退場機制等手段，完全被扭曲蠶食。國家監控機制，從過去明目張膽的黨國暴力，轉化為陰柔的、貌似市場機制的自由競爭，事實上借屍還魂，學術自由、大學自治，遭遇了改革之前更險峻的危機。

看得到的是，校長人事從未完全自主；軍訓教官依舊在教育系統內走動；人文社會學科仍舊飽受輕視；通識教育還是點綴；大學更要配合國家發展，更是企業的職工訓練所；學生壓力更往下沉重；貧富、城鄉、公私的差距愈形擴大；學術倫理由校長帶頭集體沉淪；學術品質空心化……等。這所有長期被詬病的高教沉痾，似乎病得更厲害了。臺灣高教改革誰能說是成功的呢？

臺灣高等教育淪落到如今的地步，高教改革徹底失敗，歷來掌教育大權的官兒們，難道不負任何責任！？一個民主國家，執政者所負的責任不過是操作政黨輪替，輪流做莊。甚至，主政的官僚們換了政府，也不過就換個位置，繼續倒行逆施，或做人家門神，繼續圖利自己。這樣的責任政治，人民終不過

xvii

自　序

是砧板上的魚狗罷了。

　　本冊子所蒐羅的文字，是在改革失敗前的紀錄，乘載著濃厚的理想主義。也許早就不合時宜，或被視為陳腔濫調。但終究是歷史的軌跡，也為臺灣曾有過高教改革的努力，作為印證，彰顯曾經有過的初心！

賀德芬

謹識於勁草書房
中華民國 107 年 1 月 31 日

I

源頭活水——
臺大教授聯誼會

1. 臺大教授聯誼會通訊發刊辭

德國社會學家韋伯曾經這麼說過：「在今天，學問是一種按照專業原則來經營的『志業』，其目的在於獲得自我的清明和認識事物之間實際的關係。」這是相當謙沖、貼切現實，又掌握了時代脈動的看法。

今日，學術專業分工細密。在大學裏，以學術為志業的教授們，誰都不敢再如古人般以「究天人之際，通古今之變」為己任，自以為是時代的先知。相反的，我們對自己的期許，總是環繞著專業的學術，只盼能把自己有限的學術志業盡職地做好。然而，學術的工作畢竟是一份精神貴族的心思事業。不用謙虛、也無庸諱言，做為精神貴族，面對著廣潤複雜、詭異多變的娑婆世界，我們自然不應、不能、更不願只是一個學有專精的單向度專家，終日以「究危微精」之說自滿，而置四海之困窮不問。

在制度化的要求之下，學院中專業知識的鑽研和創新是我們的職志。但是，就個人整體生命的意義來說，終究這只是其中的一小部份，乃至是微不足道的小點滴。假若我們是精神貴族，就應當突破知識上受限的藩籬和心理上自生的困頓，對自己做更寬廣、更高尚的要求，要求自己跨出專業之狹隘門檻，放眼看天下，讓自己培養更高貴的情操、更雍容的氣度、更寬廣的視野。

尤其，既要求學生具備通識的能力，負責傳道、授業、解

惑的教授們卻又怎能只是一群具備學習潛能的無知者？我們既以為這是一個祛除迷魅權威，彰顯理性的時代，但在知識一再被切割、被侷限、被工具化的今天，我們又憑什麼來明辨是非，來彰揚理性，來締造理想？做為精神貴族，這是應當關心的第一個問題。

學術工作是一種世代綿延、生生不息的事業。它屬於個人，也屬於群體；它要求超越，更要求被超越。在超越和被超越的辯證緊張動力過程中，學術研究被推動出去，「苟日新，日日新，又日新」。做為學術界中的過河卒子，我們忌諱的是夜郎自大、閉門造車以及自我陶醉；我們渴盼的是虛懷若谷、互相砥礪，和自我收斂。因此，透過不同知識領域的交流、激盪、開拓視野和胸襟，是厚植專業根基，拓展專業工作之社會意義，和作育英才的不二法門。否則，美厥靈根足以化為焦芽絕港，學術流於匠作，矮化了大學崇高的理想。做為精神貴族，這是應當關心的第二個問題。

今天的臺灣是一個功利市儈氣息彌漫的社會。學術的神聖早已被蒙上了一層厚厚的污垢。學術尊嚴掃地，同時也喪失了應當有的公正、客觀、理性、獨立判準。我們看到的是被扭曲的學術權威、偷天換日的學術動機、和庸俗化的學術成就。學術變成門面、幌子，也或為謀取名利的工具。孜孜矻矻耕耘的學者，得不到應有的肯定。矜持學術良知的教授，也得不到應有的尊重。成就努力和社會報酬幾乎完全脫了節。我們迫切需要的是學界的自律和互勉，讓學術的歸學術，還給學術一塊清淨的園地。做為精神貴族，這是應當關心的第三個問題。

1. 臺大教授聯誼會通訊發刊辭

　　在父權至上、封建思想的餘毒殘害下，我們的社會仍舊普遍地崇拜單一權威。四十年來政治客觀情勢上的困扼，又使我們的社會普遍產生互不信任的疑慮心態。每當遇有不同的意見出現，尤其是違逆了權威建制的意旨時，總不免有人立刻懷疑持不同意見者的動機，而加以對立化。社會長期處於高度危機意識的浸蝕下，這樣心態的普遍滋生固然可以理解，但是，對社會的未來，尤其學術的發展畢竟是致命的斲傷。

　　學術貴重「萬物並育而不相害，道並行而不相悖」。我們時時自問，為什麼我們不能彼此信任，相互尊重，大家心平氣和地坐下來理性的對話，讓真理在爭辯中顯現清明？倘若，連身為教授的知識份子都不能做到，又何以教育學生，為人師表率？做為精神貴族，這是我們應當關心的第四個問題。

　　我們不擬再列舉更多的理由，僅僅這四個問題就已夠盤根錯結，十分複雜。認真的思量，要徹底的化解，改善這等問題，本非我等區區臺大教授同仁們力所能及，更非朝夕能竟其功的。但是，我們並不悲觀，也不絕望。我們深信只要敬謹專注盡力而為，終能為學術闢出一片清淨光明的前途，也為社會帶來一絲理想希望。而目前我們所能做到的，只有設法為我們這一群教書匠們開闢出一個最起碼的有利客觀條件，也就是一個足以保證公開對話、平等交流、和無礙溝通的平臺。

　　相信你也一定和我們一樣，深深地感覺到，在臺大的校園裡，教授只是一個個孤零的單兵。分科別系的學術分割，使我們在認知上有著差距；在情感上，被隔離著；在空間上，我們更是被分散在不同的侷蹙角落裏。我們彼此之間既缺乏橫的交

流，更缺乏縱的溝通。無力、無助、及疏離已是普遍的感受。然而，學生都有著形形色色的社團，更有著各種的刊物，讓他們有溝通和表達的機會。但是，教授們不但欠缺可以嚴肅地來討論上述的四個問題的管道，即使在校園裡每日所遭遇到的種種切身的或是公眾的議題，也都缺乏表述的門路。在這樣的遺憾下，有份屬於教授自己的刊物，就有它一定的實際意義。「臺大教授聯誼通訊」就正是在這樣的理念和需求下誕生的。

　　最後，讓我們引述明末清初的鴻儒黃宗羲的一段話來互勉。他說：「學校可以養士也。然古之聖王，其意不僅此也，必使治天下之具皆出於學校，而後設學校之意始備。非謂班朝、布令、養老、卹孤、訊馘，大師旅則會將士，大獄訟則期吏民；大祭祀則享始祖，行之自辟雍也。蓋使朝廷之上，閭閻之細，漸摩濡染，莫不有詩書寬大之氣；天子之所是未必是，天子之所非未必非，天子亦遂不敢自為非是，而公其非是於學校。是故養士為學校之一事，而學校不僅為養士而設也。」

　　英哲懷海德亦有言：「大學的存在，就是為結合老成和少壯，而謀成熟之知識與生命之熱情的融合。」我們做為老成的一群，站在教育的崗位上，為了少壯的一代，也為了社會的未來，拿出熱情來支持這份屬於我們自己的刊物，耕耘我們這塊園地，讓我們在無忌無疑的氛圍中，奉獻臺大的精神於宇宙。

▌2. 為教授聯誼會作法律定位

　　社會上一連串自由開放的改革，從經濟而社會，而政治，已蔚成一股不可抗拒的時代趨勢。大學校園雖然格於現行的僵化體制而趨於保守，但終究是創新、傳承文化的場所，思想感受仍然敏銳。因此，社會變化的氣氛也無可避免的帶給校園相當大的衝擊，就在這種自然的影響下，在大家心中醞釀已久的教授聯誼組織亦告成熟，首先在臺大開風氣之先，開始運作。

　　幾乎就在同時，李遠哲院士為國內教育制度痛下針砭，提出「教授治校」的主張，甦醒了大學教授內心深處最渴盼的「大學自主」「學術獨立」等夢想，引起了熾烈的反應，頓時之間，校園民主成了時下最熱門的話題。

懷疑造成對立困擾

　　「教授治校」的確是教授們的最高理想，但與目前籌組中的教授聯誼組織卻未必有直接的關聯，也不是教授聯誼組織在現行體制下所能擔當的工作。然而，就因為此二者事件先後出現，使得有關當局誤以為，教授們真的不知天高地厚，竟想奪取行政權力，把只容許大師說說的話當真實踐起來，而大感驚慌。不但對教授組織因懷疑猜忌而加以排斥抗拒，更造成了許多不必要的不安對立和困擾。

　　其實，教授治校也好，教授聯誼也好，眾說紛紜之中都多

少扭曲了它的本意，對教授組織也有些誤解，實有必要加以澄清。

一、教授治校的真意在於校園民主化

　　真正的教授治校，應該不是膚淺得要教授去過問掏水溝等瑣碎雜事，也無關學校的行政主管都已由教授擔任，而是在校園中建立權能分立的民主制度。

　　大學是一個抽象的概念，須以教授為其實體，以教授的學養品格，傳道、授業、解惑，達成教育子弟，傳承文化，並鑽研學術，創新文化的目的。是以，大學的主體，絕對是皓首窮經的教授族群，行政部門只不過是為了輔助教授達成上述目的而存在的事務機構罷了。

　　更重要的是，大學既然擔負教學、研究的重任，在今日學術分科日殊，專業愈精的情形下，大學究竟應該如何架構，該有何等發展，如何做成決策等都該由最能掌握學術上各個領域的教授，來做各別需要的決定，絕非經過官僚體系，做一律控制。因此，真正的教授治校並非教授參與一切事務，只是由教授扮演其主體的角色，由教授來決策學術的方針。諸如校園規劃、課程安排、人事任用等。至於行政，自應尊重其專業性，由素質相當的行政人員擔任。換句話說，教授應是學校最高意思機關，行政則為執行機關而已。

　　再看現行大學法下的大學結構。大學決策主要出自行政會議、教務會議，由清一色的行政主管擔任，號稱學校最高機關的校務會議，教授代表僅規定不得少於行政人員之總數。由於

一學期召開一次,每次兩、三小時,扣除例行的大堆頭業務報告,又無常設監督追蹤機構,要代表性並不周全的教授代表,在極短的時間進入情況,規劃校務,能不流於形式也難。至於其他各式委員會,也都以行政主管為主要成員,配以少數由校長挑選的教授充數,事實上,絕大多數成日徜徉在校園裡的教授們,實在無從得知學校最近到底在做些什麼?

　　至於說學校的行政主管,多由教授擔任,便已有「教授治校」之實,則係未曾釐清教授與行政主管角色,在法律性質上的差異。大學中一般教授和學校是聘任的契約關係,一旦擔任行政工作,便與上級主管產生公法上公務員上下隸屬的關係。在行政一體的要求下,具有服從上級指揮監督的義務,因此即使是由教授擔任的行政主管,在公務上已不再是完全獨立自主的個體,依此推衍,便知決策的最高權力乃來自政府教育主管。在這樣的結構體制下,硬要說校園已相當民主,那不過是混淆民主的真義,自欺欺人罷了!

二、教授聯誼會的性質與功能

　　終於,有一批不自量力的教授們,不甘僵死在這樣的教育體制之下,有心將自己的專業能力做更大的發揮,而不侷限於教學研究的小範圍裡。更是基於對自己從它接受教育,在它的庇護下成長成熟,更將奉獻一輩子的大學和志業的愛戀情意,不忍見其衰敗沒落,而思以團體的力量,為學校、社會盡更多的心力。教授聯誼組織便是在這麼單純的意念下,醞釀成熟,

I 源頭活水——臺大教授聯誼會

植根萌芽而在臺大成長的。

教授聯誼會是基於教授個人身分，具有共同目的和宗旨，結合在一起的自律性民間團體。它所擔負的功能，主要在響應政府既定的通識教育政策，從事科際間學術交流，使實際擔任通識教育課程的教授，自身先具備通識的能力。此項工作，即使學校行政方面有意推動，亦屬多多益善，並不衝突。

其次教授聯誼會可透過聯誼及學術活動，促進彼此情誼，互切互磋，有助於學術的提昇。而保護自身權益照顧自身福利更是每個行業天經地義的權利，縱使學校認為對教授的照顧已仁至義盡，也無礙教授們關心自己。

縱使大家對知識分子的定義有所分歧，大學教授除教學研究外，仍應關懷社會，扮演輿論監督、建言的角色，是普遍的共識。那麼，教授聯誼會的成員，將對學校及社會的關愛，透過自身的專業知識，或全面的意見調查，反映給學校行政部門做為參考，或提供給社會做評估資料，都不過是教授之本分。提供諮詢的意見，以及學校、教授與學生間的爭議，經雙方同意，願意提交教授聯誼會做調解或仲裁。它所以會被社會、學校、學生或教授接受，憑藉的不是法律的授權，更非自行衍生的權力，而是源自知識的力量，以及大眾對知識的敬重。

綜觀以上的功能，可知聯誼會的性質，至多扮演校園或社會清議的角色。或許會給行政一些改革的壓力，但絕無凌駕或干預行政的企圖，這不正是一個開明有為的領導者所樂見，甚至期盼的？

三、教授組織沒有向學校登記的義務

司法院迭有解釋，大學教授因係聘請擔任，屬司法上的僱傭關係，並非公務員服務法的公務員，不受「特別權力關係」的約制。教授與國家間權利義務既屬平等，便無所謂上級機關，亦不須接受任何人的指揮監督，這才是學術獨立的真義。教授憑其專業知識、學術道德和敬業態度，履行聘約上的教育研究任務。此外，個人行為完全自行依法負責。所以，教授以其個人身分，組織自律團體是憲法保障的基本權利，除有法律規定，不應加以限制。

檢視現今法律，從未見有教授組織須經學校同意、向學校登記的根據，教授自然也不負擔此種義務。更何況，學校既是抽象概念，教授是學校的實體，則教授個人的獨立行為，莫非還要由不過是輔佐機關的行政部門來同意、核准和管理嗎？

政府當局表示臺大教授聯誼會應向校方辦理登記，這項說詞是否證實了大學教授的法律地位是每下愈況了呢？受聘、續聘、解聘、升等、資格審查等全都操縱在行政的意旨底下，雖非「特別權力關係」，卻連答辯、訴願的權利一併都被剝奪。如今，連個人合法、善意，欲奉獻社會的活動，都要受制於「行政」，則學術的尊嚴何存？教育的前途何在？

四、聯誼會不准登記是違法的規定

憲法保障人民有集會結社的自由，民法規定非營利的社團法人，於登記前應得主管機關之許可。在戒嚴時期，人民團體

更應該依照非常時期人民團體組織法的規定，向主管官署申請許可。其間並無任何例外規定。教授身為高級知識分子，應該為人表率，凡事要求合法、理性。又為表示對社會負責，依法申請登記，懇請政府機關的管理監督，應該是遵守法治的具體表現，卻不料反被政府以各種理由推拒門外，其間的奧妙實在令人萬分迷惘！

　　承辦社團登記的機關，對教授聯誼會的申請登記，不是以區域性團體不得冠以「中華民國」字樣，就是要求二百五十餘人重新填表簽章，以適應不同機關表格上的不同要求；不是以聯誼會經省市政府的行政命令認定係臨時性組織，不予登記為理由，就是以同一性質同一地區，不得有二個以上相同社團來搪塞。不論是哪種理由都是難以令人信服的。

　　非常時期人民團體組織法確實不符時代需求，政府已有修改之舉。但在法律未廢止前，政府及人民都有遵守的義務。

　　政府為了消弭民怨，廣開法律的後門，縱容民間各種交誼或逸樂性組織成立，不依法管理監督，固然用心良苦。但行政機關率先訂定違法的命令，甚至阻止人民做合法的登記，則係最壞的榜樣。幾十年來，人民的法治精神始終難以培養，司法威信蕩然，公權力式微，民間的自力救濟行為風起雲湧，這種種怪現象，恐怕都與政府機關自身藐視法紀的作為有關。行政機關在總統再三告示守法崇法的重要後，豈能不體會總統的深意，嚴守「依法行政」的原則，讓民主法治的理論，落實在現實生活之中。

五、還給校園理想主義的純淨

　　大學教授是知識分子的核心，具有專業的訓練與獨立的見解，是社會不可忽視的中堅力量，這其中執著於學術研究，無伎無求，孜孜矻矻的學者，更應給予尊崇的地位。讓學術來領導行政，恢復校園原應該具有的理想主義的色彩，使能在充滿功利、市儈、官僚、鄉愿的俗世裡，還保留一片清靜園地。以這塊無忌無疑清淨園地來帶動社會的革新，不正是我們希望之所寄！

3. 臺大教授聯誼會興亡錄

一、緣起構想

　　知識分子向來特立獨行，孤芳自賞。對現實雖然總有批判，充滿改革的理想，卻也只能單打獨鬥，發發牢騷，寫寫文章。除非被吸納入官僚體系，甚難以個人力量，發揮實質上的改革功能。但是，一旦被納入官僚體系，則又只有隨著既有的軌道運行，不是讓理想惡質化，便是被排斥於體制外，落得個遍體鱗傷。所謂「秀才造反，三年不成」真乃至理名言。

　　除了知識分子的天性使然，執政當局也十分畏懼知識分子的質疑和批判。個人的讜言不足為懼，有時還可塑造當局開明的形象。但團體的力量則造成的殺傷力甚大，絕不容許其存在。是以，執政黨一直將大陸淪陷的責任推諉給校園風潮，以之為藉口，將校園設想為精神戰場，進行嚴密的監控和箝制。更以工會法將教員與公務人員並列，禁止組織工會。壓抑教師的集體意識，分化教師的力量，以致教師始終只能在生活衣食都被操縱的境遇中委曲求全。間接再因政治勢力的過分介入，外行領導內行，而使教育品質每下愈況。

　　以一個長期待在學術圈，同時也準備以之為終身職志的人而言，眼見教育環境生態的惡化，身受體制上腐化封建的污染，卻又無能螳臂當車，心中的苦悶和無奈，的確是難以言喻的。

所幸，八〇年代社會上掀起驚濤駭浪，也使校園裡的一灘死水，泛起了陣陣漣漪，帶來無限的生機和希望。此時，蟄伏於心中許久，欲藉統合教授力量來從事校園改革的念頭，又告甦醒。恰巧校園中另有有心的同事，對藉組織進行學術整合的工作能夠認同，便如此動機單純的積極展開了臺大教聯會的籌組工作。

二、過程波折

構想完整成型是 1986 年 10 月中旬的事，但在 10 月 21 日就邀齊了各學院各兩位同事共同商議。所以進行這麼急速，倒不全然是因為我個人做事積極性急，實則此事在心中醞釀已久，推動起來便也順理成章。真正的顧慮也是意識到其中的敏感性，不宜慢慢推敲，以防變生肘腋。

同事的邀約，小部分是早已熟識，大多則只是慕名而未曾謀過面。一向在校園中，大家就是十分疏離冷淡，何況校園遼闊，學科分隔，平日就難有交往機會。其中，工學院的同仁是在第一次邀約與會，知道我們要做甚麼之後立即聲明不便參加，醫學院兩人亦在第一次與會後退出，倒也乾脆。六院代表，此時只剩九人。其中，農學院丁某，大家最不熟悉，當時也非全無警覺，但一來信任原推介人，張則周教授，是我們心目中的聖人。他以自己的經歷，不便參與，而丁某向來對雜務極為熱心賣力，應是工作上的好幫手。二來，大家都欠缺經驗，以為像這樣吃力不討好的工作，有人肯做便十分心感，哪敢去懷疑

他人的動機。何況該人表現又是那麼熱誠爽朗，始終勇於任事。就這麼一點天真的想法，因著對「人」的信任無忌，就造成了爾後失敗的致命傷。

10月21日的初步聚會，大家意見雖然分歧，但原則上都同意原始的構想，這才開始逐步策劃。首要工作乃是擬訂組織章程，並準備致函全校講師以上同仁，把理念推展出去，也籲請大家共襄盛舉。

奇妙的是，就在22日，國民黨臺大知青黨部即有人來探詢頭晚開會的事。既然大家決意進行之事，便也未把這些干擾放在心上，還是努力地把組織章程的大體架構儘速完成。

10月29日，二度聚會，逐條討論章程草案，並決定打鐵趁熱，在11月15日校慶當天，召開發起人會議。

據聞，就在我們這幾個人兒戲般討論起來的時候，校方辦公大樓連夜燈火通明的召開院長級以上主管會議，商議對策。甚且，透出消息，某高層還說正好趁此機會讓香花野草一併現形，也好一網打盡。（怎麼跟老共的引蛇出洞陽謀一個模樣？）雖是傳聞，但的確自30日起，我們每人都受到來自院系主管方面的勸阻。當天深夜，校長室秘書，也是農學院劉姓教授，親赴我家，指出我們當中某人接受國外組織指示，某人有臺獨嫌疑，而對我恩威並濟，要求的就是停止我們的活動。原本和這秘書彼此還有些鄉誼關係。經過此事，才讓我震撼何以一個曾經接受多年海外民主教育，得有最高博士學位的教授，忽然之間也能這麼自然的援用這些拙劣的情治手腕？政治影響力之巨大，也確實夠讓人心驚膽戰的。

當時，法學院院長不在國內，所以另由系內大老對我進行關注。聲稱如聯誼會僅止於聯絡感情、打打橋牌倒也不妨。但如果照我們章程上規定的還要進行仲裁任務，則對校長十分不利等等。青工會主任也是商學系系主任洪某則直截了當地找我談話，先是質疑，怎麼會是妳？到底是何動機，是否受人利用？最後，問我，要做大法官還是立委？只要我罷手，隨我挑選。

奇怪的是，我們的章程尚未印就公布，而校長室竟已有我的手稿，後來我們還天真地推測可能是從打字印刷處流出，其實，我們的一舉一動，早就透過內部與會人員，被牢牢地掌控了。

其他幾人的壓力還有人情的，有威脅不能擔任系主任的，有不能通過研究計畫的，不一而足，就是鋪天蓋地而來。

三、再起爐灶

當時，眼見困難重重，可能連開會的場所都是問題。而在此風聲鶴唳之際，能有多少人支援，能發揮多少功能，都是隱憂。最後大家一致決定，可能時機尚未成熟，只有暫告一段落，留待以後再說了。

不過，一個知識分子，若因受到威脅利誘，就放棄自認應該去做，且頗具理想性的行動，豈是應有的風骨？大家都不甘心，而且怕這次給淹滅掉了，下次還有誰敢繼起？那校園改革豈不永遠無望？更況，基於過去白色恐怖的經驗，今日大家既已受威脅，誰能保證未來不會找任何藉口予以迫害，到那時，

才真是有冤都無處伸。所以大家再決定,雖然暫且鳴金收兵,必須將此事之來龍去脈及我們原有的心意公諸於眾。一則讓此次播下的種子,未來還有開花結果的機遇;二則將事件攤在陽光下,對我們幾人也是一種保護。(見附文)

人間事雖然難以百分百自我掌握,但「意志」往往可決定事件的命運。11月5日的公開信發出後,表面上歸於平靜,心中的熱情卻依然澎湃。尤其經過這樣的禍福與共後,原本不是很熟稔的幾個發起人,因有了深刻的認識而情感依依。原來決定校慶日要開發起人會議,如今雖已煙消雲散,大家還是在這一日,做小型的餐聚以示紀念。記得那天細雨霏霏,大家先在數學館會合,談談這二十天來的經歷,不勝唏噓。最後大家決意一同漫步校園,相互取暖,深深的顧盼這座我們成長於斯、安身立命於斯,為它努力、奮鬥過的校園。如今想來,那是多麼浪漫的情懷。也就因著對這校園的摯愛,終於下午又轉折出另一番局面。

那時,正是臺大大學新聞社因文稿未審先刊,而被校方懲戒停刊一年,導致審稿制度存廢爭議,在校園中引起軒然大波之際。教授們早已對學生刊物審查的漫無標準,審查人員素質不齊,所造成扼殺創作的種種陋習頗有微辭。此時乃思助學生一臂之力,同時調整教聯會籌備的方向,以工作來凝聚力量,落實理想。

我們幾個人當下決定草擬一項「學生刊物輔導及文稿評閱辦法」,請求認同的教授聯署,再由我們之中具校務會議代表身分者,提出於校務會議。校務會議向來徒具形式,故用多人

連署的方式來彰顯提案的重要性，也藉此突破校務會議為少數人把持，不經選票運作即不能入選的困境。

對全校發了信，公開事件原委以後，臺大教聯會反而漸漸獲得校內自由派教授的認同，參與人數日趨增多。12月中，總務長黃大洲邀約我等檢討校內一些繁瑣雜務，似乎有承認此團體存在之意，更給予校內同仁許多信心。最後在12月31日年終的聚餐中，二十餘人同聚一堂，決議擴大編制，再度正式籌劃起來。

四、歷經艱險

這以後的籌劃工作，表面上似乎寧靜無爭，暗中卻是波濤洶湧，壓力均集中在少數為首者身上。其齷齪難堪，直教人不堪回首。我就曾單獨與教育部長李煥在校友會館詳談經過，力陳我等的善意，才紓解即將臨頭的迫害，至今還真慶幸終於度過那段黑暗時期，不過也幾乎瀕臨崩潰邊緣。我個人還幸虧因早於當年10月即已確定獲得 Fulbright 學人獎金，次年7月將赴美國哥倫比亞大學訪問一年，使得各方釋然個人並無自利的企圖心，才稍事減輕壓力。當時各校盛傳這是要我放手的交換條件，其實以這種年紀離鄉背井，飄泊在外，心境十分悽涼。尤其在飽受創傷之後，頗有被流放的感覺，直到去國半年以後，才漸有脫離夢魘的平靜。出國，實在談不上是種犒賞。

撇開個人境遇不談，籌備工作兵分幾路進行：

（一）由各院自行招募人馬，擴大組織。在一個多月內，

同意簽署發起人名單者達 259 人。這個數目大概可以代表自願自動響應者。因此時，政治勢力正以全力撲殺，阻止教授參與。

（二）1987 年 2 月 20 日，我們以此 259 位發起人向臺北市政府社會局提出社團登記的申請。27 日被社會局以係全國性社團為由駁回，要我們逕向內政部申請。待到內政部，又以校園團體不准登記，連申請書都拒收就給打回。最後只好將「中華民國」改為「臺北市」再回臺北市政府申請。可笑的是，這麼一個單純的社團登記案件，政府竟百般推託，最後還是以教聯會為校內團體為由，在 6 月間駁回了事。本來應該和政府釐清這場法律關係，也已擬就了訴願書，準備訴訟到底，卻因教聯會已經變色，我為解決內部人事糾葛，帶頭辭去總召，而被後繼者搓弄一空。

（三）教聯會在籌組期間，即開始積極進行學術整合的原訂理想。分別在 1 月、3 月、5 月舉辦了三次學術演講，談「外匯與通貨膨脹」、「大學校園的規劃」，以及「通識教育與共同課程」，都是當時大家所關切的課題，所請講員也可謂是當代最負聲望的學者。本來臺大是國內唯一全科大學，最具備做學術統合的條件。可惜一般都還缺乏自動參與純學術討論會的習慣，因此一直未能帶動風潮。倒是校園規劃那場，一則法學院遷返總區，是法學院師生關心多時，卻一再被阻延的話題；再則總務長以開明的心態與會回答問題，頗獲好評，也激起較熱烈的回響。

（四）積極尋求一個教授能集會聊天、交換意見的場所。不用說國外各著名大學無不將全校最方便、最精華的地段，關

建教授會館，方便教授休憩、討論，不但是對教授的尊重，也是撮合學術整合的最佳辦法。即使國內其他重點大學也都同樣有此設置。唯獨臺大，號稱執臺灣眾大學之牛耳，卻對待教授如此？課後，除了研究室、實驗室外，再無可藉輕鬆聚談、交換心得或做心靈交集之場所，若非有意分化教授間之情感，便是故意貶抑教授之地位。在「校園規劃」那場講座中，大家曾為教授會場極力爭取。總務長事後也給予我個人私下允諾，將嘗試將小福利社二樓收回改裝。當然，六五事變發生，我黯然離去，一切均歸虛無。待我一年後從美國回來，小福二樓已成了與校園風格突兀，充滿商業氣息的牛排館。

（五）籌備發行通訊。在臺大校園中，學生刊物充斥，幾達氾濫的地步。教授卻連一個發言管道都無。校長室發行的校訊，連官方的傳聲筒都不如，不但只有官方消息，還往往都是過時的舊聞。教授意見無法表達，各系弊端都告封鎖，他人的長處也無從學習。正好培養出官方所要求的冷漠、疏離氛圍。教聯會為突破此項困境，建立起一個可以公開對話、平等交流和無礙溝通的管道，便成為首要急務。這樣的通訊，出了絕無僅有的一期，還來不及建立風格，自然也隨教聯會的改組而成絕響。此外，數學系黃武雄所熱切投入，拚命維護，想藉之貫徹學術整合的理想，為臺大樹立全科大學風格的《臺大評論》，也在兩期之後，隨教聯會的質變而告夭折。

（六）教聯會設計了學術、環境、會員及仲裁委員會。其中最招忌諱的就是仲裁。我們不否認當時因見校園紛爭迭起，想以教授超然之地位擔任排難解紛的橋樑，也多少有些制衡行

政的意味。此所以設計出學校行政主管不能充任理事的規定，以防被行政主管接收，成為附庸。主管當局以此為「奪權」之機關，殊不知此乃一虛設項目。僅設召集人一人，待爭議雙方皆同意交付仲裁時，再由雙方推舉公正之仲裁人，以免有常設仲裁人，容易被操弄，又未必適合每一案件。如任何一方不同意，也無從仲裁，縱使仲裁也不具約束力。是以，始終未曾決議過案件。何況仲裁員如根本不具公信力，則是不可能有實際作用的。行政的過慮還是源於對教授的不信任，以及鞏固權力的急切，專橫心態表露無遺。

（七）另外，教聯會所用心設計的投票方式乃為達成真正的民主化和功能化，反覆研討、更改與說明。良法和美意如缺乏尊重的誠意，最終竟成為弄法者最好的工具。教授們的天真、誠摯當然難敵組織積數十年經驗的操控、運作。六五之變的導火線即出於選舉。

五、操控運作

籌備工作的進行幾乎夜以繼日，艱苦備嘗，還要承擔心靈上恐怖的壓力，但總算慢慢接近大功告成。6月5日，已發出通知，一切準備就緒，要開成立大會。

開會前一周就已能嗅到暗潮洶湧的詭譎氣氛，陸續傳來丁某以不明白的經費請客、輔選的消息。聯合報記者很巧的也在永康街飯店中拾獲完整的競選資料。而這些資料說巧不巧地都回到我手上，實在令我疑懼不安。

3. 臺大教授聯誼會興亡錄

　　丁某一直負責所有總務工作，雖然處事曾有脫軌，譬如以分數和學生換取為教聯會工作的勞務，經制止後也還能節制。所以總以為只是個人的糊塗而已，不忍深責。豈料，就在6月4日，選舉的前一日，鬼使神差的，以**籌備會**名義寄發予醫學院國民黨黨部連絡教授，整疊三十餘張已填妥各項候選人名單的選票，因地址不完整而遭郵局退回法學院給我。這才揭發此項陰謀。以事態嚴重，乃連夜召集臨時籌備會議共謀對策。

　　當晚籌備會氣氛凝重。丁某坦承經青工會指示，運作選票，並願辭職以示負責。同仁中有主張給予嚴懲，但亦有人以同事之誼，於心不忍，即應允由其辭職，我也為能促使他離去，答應同時辭去總召之職，與他同負連帶責任。殊料待他回去向上級請示後，第二天態度便告丕變，反以受害人姿態爭取同情，並堅持留任原職。

　　事情至此，的確令所有籌備教授極感沮喪。我既承受各方壓力，深知選舉已被操控，聯誼會已經質變，原訂初衷已不可能達成。如把目標縮小在觀念的推廣上，不如就此收手，宣告流會，等待時機更為成熟，情況更為清明時再說。以免教聯會淪為附庸，反而助紂為虐，混淆視聽。

　　但此時參與人數已高達四百餘人，情勢已由不得人，6月5日只有如期開會。在外界看來，彷彿一場鬧劇。而更不幸的是，當初所擔心的事，都一一驗證。兩年後，原籌備人不得不痛心的宣告集體退出。

　　黨政運作的方式，除先期的百般阻抑，限制黨員入會外，至後期則下令黨員入會，再行運作選舉，以量變導致質變，進

而企圖變更章程，完全消滅原訂的宗旨和目的。6月5日的會議雖未流會，但整個流程則完全依此模式。

臺大教聯會在風雨飄搖中，勉強成立。原宗旨雖暫獲保留，但其走勢，卻越趨怪異。不但完全放棄當初欲制衡校務的企圖，反而不斷矮化、娛樂化，甚且功利化教授的需求。更難堪的是，每屆選舉都要鬧得烏煙瘴氣。最後的決裂，導火線仍在選舉。不過，教聯會兩年來的無所作為，反而逐漸沈淪，才是原籌備人棄守的真正原因。原籌備人集體聲明退出，昭示其他同仁對教聯會的抗議。之後，接二連三退出的聲明，遍傳全校。教聯會靈魂已死，縱有軀殼，亦不過是供人役使的工具罷了！

六、選舉插曲

選舉，是民主制度的惡，卻又是必要的惡！孫中山先生說選舉能選賢舉能，真是天真的書生之見。現代的書生也已經能為了利益，把選舉玩弄在股掌之間，其手段精湛細膩，絕不讓地方角頭勢力專美於前。我曾異想天開，以為校園進行民主選舉，必能起帶頭作用，改善社會上的選舉歪風，現在才醒悟，那更是天真至極的愚騃。讀過書的人，使起壞來，是要比無知莽夫更陰狠不知多少倍的。

教聯會第一次大會選舉就烏煙瘴氣，差點瓦解。第一次理事長的選舉，更是精彩絕倫。組織的運作，對人性弱點的操控，讓我們這些沒見過世面的教授，不得不嘆服百年老店自有其生存之霸道。

3. 臺大教授聯誼會興亡錄

　　經運作後選出的理事，恰巧原屬創始人陣營和黨團陣營各佔相等的半數。理事長人選便取決於立場較模稜曖昧的工學院邱姓副教授。邱副教授平日還算熱心於公共事務，好發議論，與自由派諸人雖熟稔卻無深交，並非核心人士。但絕對要對之進行遊說拉票工作。

　　自由派這廂揣測對方應會推出農學院蘇姓大老，這邊當然以張忠棟教授為不二人選。關鍵就在這位邱副教授身上。所以不斷的以臺大教授聯誼會歷經驚滔駭浪，好不容易終於成立，第一任理事長，實在動見觀瞻。必須要由聲望、資歷、輩分，對社會貢獻等等條件都恰當的人出任，才符合社會期待。儘管說破嘴皮，百般曉以大義，邱副教授都唯唯諾諾，從未給過肯定的承諾。實在令人忐忑不安，也只有盡人事，聽天命，等待著開票結果。

　　等票開出來，真是大出意料，跌破一地眼鏡。六票張忠棟，另六票竟不是想當然耳的蘇教授，而是邱某。那關鍵的一票，先寫著邱某，究是良心不安，抑或自知難承大任，又被劃掉，改寫成張忠棟，我不願揣測。最後，以這一票之差，張忠棟教授萬分驚險地當上了第一任臺大教授聯誼會理事長。

附文

親愛的同仁：

半月來，我們努力在籌設臺大教授聯誼會的發起人會議，想邀大家在 11 月 15 日校慶當天一道來當共同發起人，向內政部登記立案。我們原以為這是臺大的一樁不比尋常的喜事。雖不敢寄望學校行政單位會鼎力支持，亦相信它會樂觀其成。不意，待我們擬好章程草案，要寄發給全校同仁之際，學校行政單位以無名的顧慮與疑忌，未真切明白我們的用心，便透過種種管道，竭其影響力以謀中止。為了免除與學校行政方面造成難以彌補的裂痕，我們終於同意暫緩舉行發起人會議。可是，我們有必要向諸位同仁說明事情的緣起與我們的立場，也寄望校方因這番說明會逐漸尊重教授的意願，了解教授聯誼會存在的價值及其在校園內外所可扮演的正面功能。

從我們隨信附上的章程草案，大家或可看出我們原來計議的教授聯誼會想做且可做的許多事。很久以來，我們都覺得各系教授之間，隔行如隔山。學校與國科會雖有眾多研究計畫，資助教授們做學術交流，但性質限於本行之內。各領域間的交流與整合一直不活躍，影響我們的通識教育一籌莫展，亦使我們各領域之間毫無管道相互衝激與爭鳴。聯誼會提供各院系教授自然相聚的機會。藉日常的接觸與會中「學術委員會」（參見草案第 5 頁）所舉辦的活動，各領域可望慢慢發展出良好的合作關係。尤其，近年科技整合的趨勢日益炙烈，藉他山之石可促進本行的研究。時日一久，我們的學術或會走出更寬廣的路途。又每年或隔年一聘的制度，使教授個體的權益，幾十年

來一無保障。聯誼會中設「會員委員會」（見草案同頁）必要時可照顧教授工作上或生活上的需要，使安心從事研究，提高學術品質。

教授聯誼會對於學校行政單位與學生間的重大爭議事件，亦可發揮溝通與仲裁的功能（見草案第5頁）「仲裁委員會」，探求學生意願，維護校園安寧。進一步協助學校建立申訴制度，直接或間接紓解學校為學生校園事件所面臨的困擾與擔當的責任。

大學教授是知識份子的核心，立場超然，見解獨立。通過各領域教授密切的合作，聯誼會能匯集專業意見，提出理性而中肯的報告，對於政府與社會具有不容忽視的珍貴且穩定的力量。這是我們倡議之初便有的信念，也相信是大家長久以來共同的看法。

清華大學早有教授治校之實，交通大學的教授聯誼會亦已成立多年。教授會的作用對兩校發展一直是有百利而無一害。臺大素有國內最高學府之稱，自應有更開明、更自由的園地來交流合作，來相互照顧。與其說成立教授聯誼會是為了要來對抗行政，干涉學校的行政權，不如說是為了要協助學校行政，發展臺大，使臺大擁有更美麗的校園，更自由更具風格的學術環境。

我們之中，有人非常醉心於就聯誼會的開展，樹立起臺大風格。原以此理想為主旨，擬就一封文情並茂的信，要邀大家在校慶當天一齊來追尋，來著手烘培出這醉人的風格，可是好事到底多磨，我們今日的努力雖已化為烏有，仍盼不久以後，

大家能在寬容無忌的氛圍中，共聚一堂，為捕捉臺大的風格貢獻心力。

敬祝研安

    林正弘　李永熾（文）
    黃武雄　黃榮村（理）
    賀德芬　陳師孟（法）
    夏鑄九　　　　（工）
    廖正宏　丁一倪（農）　　敬啟

        中華民國 75 年 11 月 5 日

4. 臺大教授的待遇與地位

在臺大安身立命倏忽已是二十多年,如果算上做學生的歲月,則更是超過了生命的大半。從來我就天真的認定大學是個追求真理的殿堂,是塊最富理想色彩的淨土。當然,也嚮往椰林大道上晨曦落照唯美的風情,縱使只能偶而徜徉其間,也難免不生出一種依戀,願與之生死相許。

尤其是每當看到那些身懷絕技的老教授,或是微微佝僂著身軀,讓身影疊落在椰影之中;或是每天拎著大包包,上下於交通車間,總是令人興起無限的感動。就是他們終其一生,浸沈在學術領域裏,孜孜矻矻從不曾為外界炫耀的繁華,動搖過心志的情操,化為典範,引領著年輕的一輩,也以奉獻於學術做為終身的志業,傳遞著一脈相承的薪火,而造就了臺大今日的驕傲。

臺大的榮耀是靠個別獨立的教授,經年累月奉獻生命砌築而成的,多少的臺大教授以臺大為最愛。然而,我們要問,臺大卻回應了什麼呢?不過是個冰冷、現實、疏離,被扭曲了的官僚體系罷了。我曾在一個一生不兼課、不做官,以坦率敢言著稱的退休老師那裏,眼看家中簡陋陳舊的設備,師母穿著一件衣肘已經破了個大洞的毛衣,相對於臺灣社會上的奢靡,而忍住要掉下的眼淚。因為我知道,他們無忮無求,怡然自得,根本無視物質的匱乏。我濫情的心酸,只會刺傷他們的尊嚴。只是,我那一廂情願對臺大的痴情,真是受到了打擊。以臺大

為終生職志的心願雖然從無改變,但也忍不住去反省臺大和教授之間到底是種什麼關係。

教授要求學校什麼?

在今日臺灣全然以名利來衡量人的價值,師生關係又日趨淡薄之際,能挽留住有真才實學的人在清苦的校園中,唯有靠對學術的熱情。而從事於學術,教授所要求的不過是起碼的人格的「尊重」和學術的「自由」而已。本來大學的主體就是教授與學生,大學的發展應當以如何保障教授與學生的權益,以期達到為社會造就人才,提供知識,培養健全人格,並提煉精神文化為目標。在此前提下,對教授這一社群而言,學校行政當局的職責是「配合」,而不是「管理」;是「支援」,而不是「支配」。依此原則,我們不妨先來檢討一下臺大的硬體設備是怎麼對待臺大教授的。

在校長、院長等主管早有舒適的辦公室時,有些學院的教授連研究室都沒有,即使有,也是狹隘、悶熱不堪。今夏,法學院總算可以自己買個冷氣機裝上了。再看看校總區教室的設計,從來不曾從是否便利教學的角度來考量。因此,講臺與課椅間有好遠的距離,教室常又安排得大而無當,必須大聲吼叫才能傳出聲音,兩堂課下來還真叫人聲嘶力竭,學校卻以會妨害別班上課為由,不肯裝設麥克風。至於教室的通風隔音,當然更不必奢求。教員休息室裏雖有衣櫃冰箱的設備,但不知那是為誰準備的?最需要的茶水、廁所卻經常污穢不堪,令人不敢使用。

4. 臺大教授的待遇與地位

　　再者，走遍全世界著名的大學，甚或臺灣其他大學，沒有不在全校最精華的地方，設置教授用餐、聚會、休閒的場所，以便教授聯誼、切磋，交換意見之用。而臺大校園，卻連個讓教授可以立足的地方都沒有。經過多少年的呼籲，行政單位都是百般拖延，反而去搞一個商業氣息極濃的牛排館在校園中。並不是教授貪圖物質享受，或要求特權，這些不勝枚舉的小事本也不足為道，只不過證明了臺大的行政主管是如何蔑視教授的存在，完全缺乏尊重教授的誠意。或許根本是有意造成教授間的疏離，減少他們聚合的機會，以防止意見匯集，來穩固他們在校園中恣意的地位。而對於這些不信任和歧視，教授卻連反應的管道都沒有，真讓人感嘆教授在學校的地位竟連學生都不如！

　　再談精神層面。一個安分，沒有行政職務，或被選為院、校務會議代表機會的教授，恐怕終其生，只有從媒體上知道我們的校長、院長參加了什麼會議的開幕致詞，或是頒什麼金鐘獎之類外，是無緣見他們一面的。校、院長從不曾主動探詢基層教授們的意見，甚至不曉得誰是誰。每年例行的教師節茶會，更是徒具儀式，接到那麼一張公式化的請帖，實在無從自其中感受絲毫敬師的誠意。校園裏是那麼地冷漠、疏離和無奈。前年，教授們想要掙脫如此令人無力的困境，自行籌組團體，來促成科際間的合作，表達對學校的關愛，卻受到莫大的阻和壓力。終於還是要矮化、賤化教授的尊嚴，必將之淪為未婚聯誼之類的活動，完全受制於黨政，才能放心。

　　臺大的行政主管真是把那職位當「官兒」來做的。既是官，

31

就得管,管那些依恃在聘書底下過活的教授們。既是官,就當在漂亮的辦公室裏日理萬機,教授們有事求見,那還得看我們的行政主管是否安排得出閒暇。做行政主管是那麼高不可攀,那麼有權勢,在社會上更是被尊敬的角色。引誘得一些年輕教授,不得不將「學而優則仕」,列為終程目標。先做校園中的行政主管,累積經歷,即可水到渠成,往上攀援。所謂知識分子的原則和氣節,只能說說而已,或只是對別人的要求。「教授是學校主體」「 教授治校 」,那更不過是酸葡萄教授的幻夢罷了!

學校要求教授什麼?

從臺大教授在校園內所受的待遇,可知教授在臺大是沒有什麼地位可言的。但是,也不是全然不能成為主管眼中一個受重視、有地位的教授。那就必須取決於教授的溫馴程度,以及是否肯為政治服務了。在一個泛政治化的校園裏,學問好壞或教學良窳已不是評價一個教授最重要的指標。雖然,並沒有終身任教制度,但只要勉強過得去,學官兩棲,在外經商執業,都能以教學相長而理直氣壯。以分數為條件,要學生做家務,幫閒差也沒關係。只要肯聽話,會跑腿打雜,還儼然像個教授頭頭,都不會受到解聘的威脅,反而更有保障。至於擅長經營者,更能拿著臺大教授的頭銜做招牌,獲得政府機關的青睞,民間企業的禮遇,顧問、委員名義接應不暇,真正是名利雙收。當然,在校內也容易平步青雲,主任、院長的位子是指日可待,甚至榮譽教授、優良教師也會錦上添花的相繼到來。本來各種

校內外的獎賞榮譽，大都是以年資來輪班論輩的，八面玲瓏的教授，插班跳級也不足為奇。只不過，這一切恐怕都要以政治意識的考核為先決條件。至於那些守著崗位默默耕耘的教授們，既不屑阿諛奉承，攀援權貴，又不願成黨結社，譁眾取寵，那就只有落得兩袖清風，告老退休，為人所遺忘。這還算是平靜的，如再有政治上不能被容忍的異見，也難保殷海光教授及臺大哲學系事件不再重演。

政治污染學術誠然是學院裏最污濁的行為！它扞格了學術獨立的風格，也侵犯了學術自由的精神。可是，今日的臺大確實是真真實實被宰制在這樣的政治文化底下，而無庸懷疑的。事實上，這樣的現象，早已教導了年青人在海外求學的時候就要廣結政治奧援，以為前程鋪路。這是何等的反教育？對一個終身從事教育工作的人又是何等的諷刺？

制度變革才能提昇學術維護尊嚴

身為一個臺大教授，以奉獻於學術為職志，以「橫眉冷對千夫指，俯首甘為孺子牛」為期許，則怎能任憑政治勢力凌駕在學術之上，扭曲了你終生的信仰和理念呢？尤其當今民主意識高漲，校園裏一片還政於學的呼聲，教授們當然不能自外於社會的洪流，蜷縮在自利的殼中，對下列制度的興革無動於衷了！

重整校園裏的權利義務關係，確立教授才是校園主體的地位。將學術專業交還給最有資格處理的教授，行政則還原其「服務」的本位。只有在配合學術和教育的需要下，進行其行政業

務。至於政治，那就徹底的退出學術領域，連絲毫形式及實質的干預都不被允許。如此，才能維護一個獨立自主的學術環境，任由教授們潛浸在學問的樂趣之中。

學術主管應經由民主方式產生，打破現在由上而下、中央集權式的威權體制。或許四十年來泛政治化的教育，已使現存的教育體質惡化，使得有些學校為維護既得權益，而執意拒絕民主；或是某些系所即使使用民主方式，也未必能產生比官派更恰當的人選，因而漠不關心。也就因此等僵滯現象，以法律制度來引導校園民主化，促成學術的自由，便更見其必要性。事實上，當教授治校的精神能真正貫徹時，學術主管不過是個服務聯絡的職位，任何教授都可以勝任。意義乃在透過民主方式，主管不再以「上意」唯命是從，從此打破主管和教授之間，那種上下隸屬關係的誤謬，也藉之扭轉民間「官大學問大」的封建觀念。

健全教授聘任升等及權利保障辦法。本來，教書是良心事業，要成為怎麼樣的教授，完全存乎一心的抉擇。但是，今天的教授所以會被矮化成教書匠，或者是政治的工具，多少也肇因於生活缺乏保障。升等、聘任，操縱於系主任間的交易，作業採黑箱方式，評審無客觀標準，又乏申訴管道。還更有採競選手段，須攜禮物逐家拜訪有投票權者，真正是斯文掃地，還談什麼尊嚴。尤其可怕的是，當一個人的飯碗被掌握，又還肩負著養家糊口的重擔時，真正只有俯首聽命了。因此，連政府禁止教授赴大陸探親，找不到法令根據時，都只有祭出「解聘」的法寶。司法官要維持其獨立，也只有從保障其職務身分著手。

4. 臺大教授的待遇與地位

教授們要想掙脫現今的禁錮,獲得成就奉獻於學術心志的自由,亦唯有健全教授權利保障制度,才能達成。而要釐清的是教授職位的保障,乃在求其公平、公正,被非假平等的對既得利益的維護,或成為某些假學者的護身符,這就有賴有心人睿智超然的設計了。

II

**奮鬥紀實——
大學教育改革促進會**

5. 略說因緣——大學教育改革促進會的成立

1989年5月中旬，十餘位來自各校、平日即已相熟的教授聚在一起，同為大學教育的前途憂心忡忡。大學法在民間討論了那麼多年，教育部的草案雖不盡理想，但還算差強人意，卻被行政院扭曲得面目全非。而今，立法院中教育、法制聯席會議已做完大體討論。6月，即將進行逐條討論，似乎一切已成定局，大學教授也只能氣息奄奄，莫之奈何！

然而，對大學教育的關愛和執著，豈可輕言放棄！既然還要經逐條討論，便仍有一線生機。更況，即使這部叛逆時代潮流，乖違教育理念的大學法這次在立法院通過了，那麼，大學教授該奮鬥的路途更長，更需要努力。過去，教授意見所以完全被漠視，或許是因為意見太過零散，未曾歸納起來，也未曾有過正式的管道所致。因此，為發揮整體的力量，唯有依賴組織的形式，於是「大學教育改革促進會」的構想於焉誕生！

基於過去的經驗，教授們頗有自知之明。書房裏的讀書人，無力也無心去從事人事上的糾纏。因此決定，組織的工作暫時不是重點，如何能挽救大學法，才是急務。又以情況緊迫，倉促中起草了一份聲明，徵求各大學同仁連署支持草案及說明理由，趕在6月初提出於立法院，期盼在立法院逐條審議時，能被納入考慮。

就在這麼倉促的十天中,以那麼粗疏的幾點意見,竟彙集了八百二十九位教授同仁精神上的支援。儘管老立委認為八百多人專業的意見算不了什麼,他代表的才是全國十幾億人口的民意!但有這麼多人連署意見,表達對法案的關心,倒是開了中國立法史上的先例!

大學法的一讀在荒謬的國會裏,已完成了一大半。教授的意見果然不敵黨鞭的輕揮,連被略事考慮的機會都不曾有。雖然,這是臺灣特有的政治結構下必然的結果,仍令人無限心酸。倒是經此事件,讓更多的教授覺醒到大學的事務,如大學教授都棄之不顧,任由政客們去蹂躪,則受害的又豈止是千萬學子,更將賠上國家的生機!臺灣的大學教育四十多年在嚴密的監控下發展,已十足的窄化成單純的職業養成所。如要能發揮大學「思想創新」、「人格薰陶」、「培育全人」等功能,則大學中有太多待改革的事務,大學法不過是其中之一而已。

「大學教育改革促進會」在這草創初期,全力以促成大學法做合理修正為奮鬥目標。爾後,將持續不斷,凝聚力量,以大學的改革為己任。能否有成,我們不敢強求,唯有盡其在我!但願此次行動能喚醒全體教授,甚至全民對高等教育的關注和了解,共同從事這長期的努力,以能為我們的下一代開創出良好的教育環境,無愧於做一個現代知識分子!

6. 學改會訊發刊辭

　　3月、5月都過去了。

　　這些日子來，凡是關心社會發展的人，心頭應該都是沈甸甸的。一股無名的低氣壓始終籠罩著四周。事實上，一直就存在的無力感和失望乃至絕望的心情，此時更是跌落到了谷底。

　　面對著臺灣的各種亂象：民主之途正在倒行逆流；改革之望經國是會議的一場鬧劇也告幻滅；經濟景氣的衰退才剛開始；社會糜亂之風方興未艾；生活素質卻每下愈況。這一切現象將解嚴前後所呈現的蓬勃生氣，打擊得奄奄一息，也令民間對自由民主的信念，因價值的混沌而有所動搖。法西斯的復辟似乎無可避免，知識界的沮喪已到了無以復加的境地。

　　然而，受苦的人沒有悲觀的權利。臺灣眼前的亂象，從另外一個角度看，未嘗不是一線生機。凡事置之死地而後生，剝而復返，當可期待否極泰來。腐化達到極限時，自然物極必反，反抗的力量也更容易結集凝聚，促成社會做徹底的改造，或許因而獲得重生。

　　另外還有一種看法則認為臺灣今日的亂象，正是由專制走向民主過程上的必然轉型時期。熬過這段陣痛，便是民主的坦然大道。無論是那種情懷，都同樣令人對未來有樂觀的期待！

　　悲觀也好，樂觀也罷！都不足成為知識分子逃回象牙塔，靜待天清地明的藉口。前者，既不能棄臺灣於不顧，出走避秦；也不能因哀莫大於心死，而苟延性命於亂世。即使能獨善其身，

恐怕每當思及社會的沈淪而心有所危。後者，轉型須要智慧勇氣的引領，帶領社會安然、快速的通過，不正是社會對知識界的期許？內心的熱情澎湃，卻以冷漠之行動來回應絕對是不夠的。於是，大學教育改革促進會在籌備了一年半，大家幾經思索和討論後，雖不敢狂言以天下為己任，但就基於這麼一點「盡其在我」的意志，終於要正式成立了。

　　學改會自始即將任務鎖定在高等教育改革的層次上，並非完全是基於本位主義。大學教授熟悉教育環境、關心教育是本質上最重要的因素。但，學改會亦著眼於教育乃一切社會問題之根本，唯有拯救教育自政治控制中解放，還教育以原來面目，以「全人」的培育和締造「知識宗廟」為目標。從人的改造，來尋求由人組成的社會的改造，才是治本之道。

　　臺灣四十年來的教育無疑是失敗的。失敗的病灶在於中央集權式的過度控制與干預。病象為教育僵化、呆滯，成品不是做為政治的附庸，即為附和政策的生產工具；病毒侵蝕的方法為掌握人事、財務及課程內容外，尚刻意疏離校園中的人際關係，隱匿所有決策的過程。決策由極少數人操持是專權體制的特色。校際間，人際間的阻隔，使知識分子個個成為孤獨的單兵，無助，疏離正是化解知識分子力量的手段。更輔以名利的誘惑，職位安全的恐嚇，乃造就了多數知識分子的自利和怯懦。政權受挑戰的威脅解除，控制的目的於焉達成。

　　學改會認識到其間的奧秘，唯有以校園民主化、制度化的理念，才有可能推動教育的改革。既談法治化，故自法規的整理、修改上著手。其次，要打破人際間的藩籬，揭開校園決策

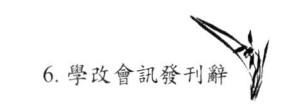

的黑箱,必須建立資訊流通的管道,讓校園事務攤開在陽光下,彼此勉勵,互相警惕,見賢可以思齊,見不賢則鳴鼓共伐之,這是四十年來臺灣教育界所最缺乏的自由空間,而是學改會摒除萬難,極力所要達成的目標。

　　本刊創刊伊始,所憑藉的只有少數幾人的理想和執著。但願這憨直的勇氣能激發蟄伏已久的熱情,讓這塊公開的園地,由大家共同開墾耕耘,透過這道公開對話、公平交流的平臺,拓展出大學的新生命,庶幾我輩能無愧先人,不祚來者!

7.「大學之再生」序

　　大學，在青少年的憧憬中，它是一個充滿浪漫氣息，能培育他們成長、獨立，又寄託無限生命期望和個人前途於斯的美麗境地。

　　大學，在知識份子的認知中，它是鑽研高深學問，窮辯萬物致理，又是培養聖潔良知和恢弘胸襟的殿堂。

　　大學，在與社會的連帶上，它是傳承文化、豐富社會生命力，型塑未來理想的泉源。

　　然而，臺灣四十年來的大學教育，在量上雖然不斷增加，在質上卻越來越偏離了上述眾人的期許。對學生而言，大學已不再是個培育全人，美化心靈的樂園。它只不過是中小學機械化教育延續，追求的是單一的技術養成，或者是特定目的的達成。他無視於年輕學子接受人格薰陶的渴求，卻急切的將年輕生命推向世俗的深淵，讓他們一個個快速融入污濁的社會，成為生產工具。

　　對大學教師而言，大學也不再是追尋學術理想的神聖天堂。上焉者，以之為養家餬口的職業，心智已經麻痺，只得將獨善其身視為至高目標。下焉者，利用其為援引攀附的踏板，失意療傷以待再行出發的棲息所。校園不過是社會的縮影，個個爭逐名利，為年輕一輩做了最壞的示範。

　　對社會，大學已失去批判、引領的能力，也無獨立自主的品格，不再是社會的急先鋒，卻沉淪為國家意志、政黨政策下

7.「大學之再生」序

的附庸,塵世間的政治與經濟利益的護衛者。所謂大學的超然卓越,自許為精神文明標竿的矜持,都已化為海市蜃樓。

我們堅持「大學」應有理想主義的色彩,而且還是以「人文化成」為本的理想主義。因為非如此,社會的文化批判生機將為之萎縮,甚至絕滅。縱使還能保有象牙塔內原創的契機,其所能開展出來的,亦不過事物化的成就,無法為人類的文明剔透出更豐富的精神內容。更進一步,如果我們肯定追求精神生命內涵的超越提升,是人類文明的必要努力,則大學理想主義風格之維持與發揚,便更見其必要性。因為,唯有以文化來領導政治與經濟的發展,才能完成人類文明的躍升。而大學,具有人文理想,正是社會文化精神的守護神,是感受時代脈動的先知,更是文明的創造者。它的良窳,真正關係著整個社會發展的生機。

以對大學這樣的堅持和期許,對照臺灣大學的發展,我們不得不沉重的宣告,臺灣的大學精神已死!僅餘不具生命的軀殼。能否有如浴火的鳳凰,重新再生,則端賴有權者的認知和當事者的努力。

使大學再生之方法無它,還大學「學術自由」,與「校園民主」自治權,足矣!惟有在學術自由的原則下,才能重建學術的尊嚴,便能本於真理和是非,從事專業的發展,莫教外行領導內行,誣陷學術成為官僚的祭品。也惟有在校園民主的過程裡,排除不當的外力干預,才能維持學術品質的純淨,端正學術的風氣。

達到學術自由、校園民主的方法固有多途,然在一個崇尚

法治的社會哩，制度化當為最重要，也是最根本的努力。尤其，大學法的修訂，吵嚷多年，這本是制度化的最好時機。無奈，權力者為了鞏固既得利益，又因缺乏自信，始終難以釋除莫須有的恐懼，而把大學視為禁臠，絕不放鬆人事、經費、課程乃至思想的控制，無視大學發展攸關國家生機的重要性。終使從法制著手，讓大學再生的曙光，乍現即滅。大學法的修改終究命運乖違。

　　雖然大學法的前途未卜，但當事者的努力卻未可中斷。只是讀書人既非當道，人微言輕，資源不足，所能努力者仍不出建言的範圍。尤其是，官方既放言願徵詢多方意見，乃有必要彙集近年來學界對大學法之主張，以及在校園中的活動，使權力者再不能自外於民主的洪流。更寄望權力者能了解到權力的穩固基礎，乃植根於全民幸福，以眼前利益來交換歷史價值是多麼的愚騃！也讓更多關心教育發展的人士，無論學界、政界，及其他各界都能認識到大學師生在主張什麼，而能伸出支援之手，共同挽救大學法於垂危，幫助已無生命的大學早日獲得再生，也是社會重燃文明的生機。這便是今日此書所以面世的嚴正訴求。

　　關於此書的編制，大體上可區分為三大部分，一為有關大學的基本理論；二為關於大學法的訴求和說明；三為近年來大學校園中師生關切大學發展的重要活動。在編輯中，最感困難的是，故意為教育當局所遺漏的聲音和主張太多，限於篇幅，只能做痛苦的割愛，每項主題選擇一二具代表性之作品納入，遺珠之憾，還盼不致構成對大學改革之跛傷。

8. 高教白皮書的緣起

　　自承擔大學教育改革促進會（學改會）的大小庶務重責以來，最感耗神費心者，乃在籌畫年度大作。如何在「九・二八」的周年慶，又是教師節的日子裏，舉辦一場既能超越一般徒具儀式的慶典，而在實質上卻要能彰顯積極奮發的自主意識，還要切入當前最關緊要的教育課題。在人力財務兩兼支絀的景況下，總不免令人興起巧婦難為無米炊的感慨！

　　自從 1989 年教師節，學改會首率大學師生齊赴街頭，為建立新大學請命，開啟了校園活動的新頁。繼之，往後的「九・二八」，分別舉辦了大學法研討會，和歷時兩天，主題廣泛的「第一次民間大學教育會議」。此等研討會的模式，固是大學教師最擅長也最能掌握的活動。但是，反覆的研討，卻未能感受到立竿見影的成績，侵襲心頭的無力感，也終於逐漸冷卻了參與的熱情，是到了該改絃易轍，另覓活力的時候了。

　　由於這幾年來對教育改革的全心關注，不但漸漸摸清楚了教育病毒之所在，也了解到教育的傾頹，豈是一朝一夕所致？七年之痼疾，不是求三年之艾所能治癒，千頭萬緒的病痛，還需以耐心並有計畫的來一一破解。

　　頭兩年，我們致力於外在法規範的匡正。標舉憲法中所揭示的「講學自由」的精神，追求將校園自治的民主理念，落實於大學法中。而今，外在條件雖然仍未健全，但堪以告慰的是，這些觀念卻都已深植於校園之中。從校長以降的學術主管經由

民主方式產生、課程調整、教官退出訓輔行列,都已在某些國立大學逐步實踐。大學獲有形式上的自治權,已是指日可待。

然而,形式上的民主,並不保證實質正義的實踐。尤其,在客觀條件具備雛型之後,依賴的是內在品質的提升。教育問題是整體的、全面的,徒有法制的改善,絕不能竟其功。下一步,我們要做的是,徹底檢討校園內部,源自於本體的腐朽。唯有在內外兼治之下,大學才有再生的契機。

既然要把學改會的關切面,擴張及高等教育的全方位上,為高教做個總體檢,應是首要急務。而以往的研討會既難以激起熱情,科班的教育學者又大都將自己侷限於體制內的運作。能夠直指問題核心,毫無避諱的痛下針砭,學改會是義不容辭的。

當提出以高教總體檢替代往年研討會的構想時,立即獲得了常理會的認同。不過,大家都擔心,如此龐大的工作,我們承擔得了嗎?如果有什麼疏漏失誤,不怕招來蜂湧而至的譏評嗎?好在學改會向來都不自量力,充滿螳螂當車的勇氣。本來就只想「但開風氣」,唯求盡其在我,成敗早非我等所能過慮。

《白皮書》原是政府公布的官方政策。學改會當然有些越俎代庖,而且與我們要為高教做總體檢的原意也並不完全相符。但,政府早該定期就教育提出總體政策,卻延宕至今,甚至從未有此打算。學改會為激起政府及民間的反省,也不無反諷意味,我們終於還是採用了《白皮書》的用語,義無反顧的進行這項計畫。

白皮書的進行是艱辛勤奮的,暑假的三個月中,工作同仁

8. 高教白皮書的緣起

都幾乎夜以繼日全力的投入。從資料搜集、整理分析，分別撰寫。每隔一個禮拜，撰寫完成的部份就要再三提出討論，幾經修正，最後才達成共識。即使未曾參與此計畫者，只要我們能接觸到的，也要徵詢他的意見，連國科會（即現今的科技部）在花蓮舉辦通識教育討論會的風雨之夜，正是匯集了許多有心學者之處，我們豈能放過，也利用了做白皮書的討論。

原本打算在「九・二八」時提出這部白皮書即算告一段落。但既然參與的同仁是如此熱切，內容也越趨完整，從理念、政策、法令、行政，無所不包。心念一轉，何不將之正式出版，使對教育政策的檢討，成為定期性的工作，不時鞭策著朝野的努力。因此，將「九・二八」的公布改為研討，以期更能博採諮議。而出版之事，又獲得時報出版公司的迴響，《高教白皮書》就在這樣的千迴百轉之下，繼《大學之再生》，成為學改會的第二本系列叢書。

完稿後的《高教白皮書》，在體例上，分成兩大部份，一為「一般高等教育」，二為「大學的問題」，共有二十子題。分別由學改會的會員執筆，內容雖經共同再三研討，但為尊重作者原創的風格，除為編排需要，並未做重大變動。對他們的辛勞和奉獻，學改會無以名之。為了對我們認為是社會改革最關鍵的教育課題盡力，再苦，也應是甘之如貽的。至於《毛部長的領導風格》篇，應算是集體之作。我們為高教總體檢，雅不願涉及個人品評。但部長既是政務官，又是全國最高教育主管，其思想言行，舉止風格無不深深影響整體的教育政策。尤其臺灣四十多年的教育從未有過健全體制，總是人存政在，人

49

去政息。個人，政務官其實就是臺灣教育的總主宰。

　　毛部長上任之初，以其深具魅力的笑容，開明的形象，曾賦與學界如許期待。他也是在政治動亂的時代裏，位置最穩最久的閣員。倏忽5年多過去，毛部長終於卸下重擔，我們以春秋責備賢者的心意，指出個人性格對政策之影響，並無臧否人物之初衷，但盼爾後接任者能擺脫個人的人治色彩，加速推動國家政策的制度化。

　　初步嘗試，只能以勇氣可嘉來自勉。尤其決定出版上市之後，社會眾多的期望，更加使我們戰戰兢兢。本有心網羅所有高教問題，卻力有未逮，諸如私立大學、大學教員的權利義務、學術評審的公正、推廣教育的導正、國際交流的正常化等等，只有留待爾後再行補全。而且為了等稿而耽誤了原來預定的出版時間，致令許多關心教育的朋友殷切垂詢，也使我等深感歉疚。

　　我們只能一再細表心意，學改會自揣簡陋，只為「但開風氣」是我們一貫的堅持。也因為學改會的白皮書出爐，終使教育部也有出版《教育白皮書》的規畫，就此便已達到鞭策鼓勵、拋磚引玉的目的。但盼這項工作能持續不綴，因此，各方人士的不吝指教，正是我們虛心以待的。

9. 大學法審議過程的回顧

大學法的審議，有如一場惡夢，其間波折迭起，立場鮮明，正是政治角力的縮影。看在知識界眼裡，只有更了然於政治力的現實，倒也不必太過訝異，更不必心冷。政治縱使不全然是高明的騙術，但以臺灣政客們的行徑，雖不中亦不遠矣！知識界但求無愧於心，點滴的耕耘，雖像撒麥粒於水泥地上，愚蠢而固執。然而，遍地都是堅硬的石頭，除了拼命灌溉之外，又還能有什麼選擇？

猶記得 1989 年的 6 月底，十來個教授目睹了立法院由老代表操控的荒謬劇，一時氣憤填膺，就在會外舉行控訴的記者會。由於程序上的欠缺正當性，連小代表們也表同仇敵愾，正義凜然，紛伸援手，聲稱在二讀時必然幫我們翻案。只可惜，執政黨的立委爾後在黨意至尊之下，還是只能做為行政院的護航者，從不懂「法人為何物」，到「反對大學法人化」，也曾強力為教育部極力要翻的案來提案。

這樣的立委在立法院中，並非絕無僅有。在 1989 年大選時，曾親口允諾，並在報上刊登廣告支持教育改革的立委們，（請見學改會訊第 1 期），不也有許多不是不來開會，不予關心，便是從未把大學法當回事。「輕然諾，寡信義」，也許是政客們的特質。相形之下，謝長廷、盧修一及葉菊蘭等委員則始終堅守原則，奮戰不懈，更令我們感佩不已了！

大學法的修正，自 1987 年林時機案逼出了行政院案，即進

入了立法院程序。1987年6月初,學改會以八百餘教授的連署,赴立法院請願,提出「學術自由、校園民主」的主張。6月底,因目睹立法院老代表的怪現象,而曾開大學師生在教師節遊行請願之先例,震驚了社會。及至1990年初,新科立委登場,大學法開始了一段積極奮戰的時光。

新科立委意氣風發,豪氣干雲!陳哲男誓言要在八十六會期完成大學法修正(當然不能當真!),其他也個個摩拳擦掌,終於大學法有了起死回生的一線生機,由院會發回委員會重付審查。

審查過程始終詭譎多變,不停的做權力角逐。從第一條「自治權」的覆議,七之一洪冬桂條款的卑劣,及至教授分級的翻案,主要議題的保留,每至關鍵當口,縱使說理千遍,亦是各說各話,運籌帷幄,唯有政治實力而已。

新科立委,既入醬缸,亦漸得權力三昧,拿捏分寸,絲毫不差,其間的利益輸送亦逐漸顯現。諸如榮升新大學籌備主任,申請製作節目經費,補助家鄉建設,展開期前輔選等等,所交換的乃是與自身利害最不相干的教育前程百年大事,遙遙無期,於我何有哉?直至初選屆至,換取政治利益,更只有以教育為芻狗,正是表功的大好時機。此所以延遲多時的保留條款,都在此敏感時刻,罔顧政黨和諧,尊重少數的民主風範,以表決方式強渡關山,實也不足為奇!

大學法人化及常務委員會被否決,只不過延續現今大學官僚機械化的舊制,延遲改革的步調。軍訓室之設,則絕對是走了回頭路,更嚴重的違反了「現役軍人,不得兼任文官」的憲

法禁制。僅為了替「軍訓室」護航，將人事室、會計室等單位，全部並列為與教務處、總務處、輔導處平起並坐的一級單位，而其人事任命卻又非校長所能掌控，將來要民選校長如何去運作？教育部身為教育最高主管，竟能倒行逆施至此，又能談什麼改革？

　　我們已準備好了二讀的修正案。不過，據說教育委員會對如此一部荒謬而不知所云的法案，亦不知從何著手去撰寫提案說明書。以致什麼時候能排上院會二讀，尚是未知數。話說回來，法案雖是建制上的根本，但在立法院素質未改善之前，也就不必對之寄望過深。何時通過這部大學法，已不是我們關切的重點。從事觀念的革新，努力於校園的紮根，讓現實走在法制之前，或許才是今天應重新思考的方向。

10. 大學教育的探討：對教育部教育白皮書的看法

教育部能頒布有史以來第一部《教育報告書》，的確是值得肯定並為之鼓掌表揚的事。這正顯示臺灣日趨民主化，政府的政策不僅須向人民負責，也須取得人民的認同，接納人民的意見，才有順利推動的可能。

民主國家的政策白皮書，不但定期公布，重要的還在檢討過去，以釐清責任。同時因政策多少具有一貫的延續性，必須從過去累積的經驗和成果中去策劃未來，才能奠定實踐的基礎。更不可缺的是認清現實，了解現況，否則也不過為人民描繪一幅海市蜃樓、空中樓閣而已。

教育部毛部長雖然一再謙稱這本報告書，未經上級審核，因此不能視為教育發展的方案。「它只是類似英美很多專案委員會經過一段研議而後公開發表的報告書，用以拋磚引玉，召喚有志一同的重視與討論，並作為研訂政策與實施方案的參據」。

但是，我們認為，這本報告書既是由全國最高教育主管機關所研擬發布，目的也在公開教育部門對教育改革的想法與做法，並向民眾回答我們的教育體制，將「何去何從」的問題，雖然不採白皮書的形式，但與政府的報告書並無二致。更況，民間期待政府能告知明確的政策，是長久以來的願望，也是政

10. 大學教育的探討：對教育部教育白皮書的看法

府早就該做的事。以白皮書的條件水平來審視這部報告書應不為過。

以白皮書的要求而言，教育部的報告書正缺少了檢討過去，面對現實的部分。我等民間人士不吝淺陋，也不知是否合乎部長口中教育專業人士的標準，仍願一秉向來對教育的關懷為之補強。

教育報告書不但不曾就過去做絲毫的檢討，全篇充斥著對自我成就的肯定，卻未能提綱挈領提出應有的教育理念，以之貫穿所有的教育階層和領域，以致使各篇章有流於拚湊瑣碎、斷裂、缺乏整體的面向。而且因為未能先建立起教育理念的前提，全篇亦頗多相互矛盾之處，難以析出教育的基本精神。

在缺乏教育理念的基礎下，來看大學教育部分的報告，便也陷入同樣的困境中。縱觀教育部所提出的大方針，基本上察納了這幾年來民間努力的目標：開放大學自主，提供多元入學管道，規劃彈性多元學程。但是，因為缺乏大學教育在於「傳承、創新和培養責任倫理，提昇人文素質」的理想和認知，因此通篇所呈現的仍是功利性與工具性。如，因應策略第一項即明言規劃高級人力培育，為國育才。第八項又再言為配合國家建設需要，加強重點科技人才培育。不僅如此，在文教交流方面，連留學政策、兩岸文教交流，尚且一再強調要以國家發展、統一綱領為鵠的。

此種長期來將教育視為國家發展直接手段的作風，並未因社會變遷有所改變，更是與教育部在報告書中自承大學教育勢必顧及「普及化」，及傳統對學歷與就業完全結合的觀念，必

須調整所蘊涵大學教育應以人文化成來提升全民素質的精神，完全矛盾。事實上，如此功利的思想，充斥在每一教育階層，並非大學教育所獨然。

報告書雖承認大學自主是應然且沛然不可禦的趨勢，但教育部在鬆綁的過程中，卻百般不情願，而極盡掣肘之能事。教育部總以改革為顧及既有利益，須循序漸進為詞，在校長遴選一事上，因本身缺乏規範，認知不清，不僅在臺大開創民主模式初期，倍增阻礙，其他各校繼起的遴選作業亦多生爭議，甚且發生藝術學院院長選舉被監察院糾彈的謬誤。

在課程規劃上，教育部則不願釋放出權力，讓各校有充裕的彈性空間實踐通識的理想。軍護課在臺大已由校務會議決議改為選修後，教育部始終不予承認，反而以校長會議做出「一年必修，一年選修」這樣最為和稀泥式的妥協。報告書中所謂教育即「廉價國防」（第 1 頁）的論調，實不啻將教育做最廉價的出賣。

教育資源分配不均，高等教育有虛擲浪費的現象，亦為民間長期所詬病。督促大學妥善運用經費，即使在校園內也應做合理適當的分配，是應該的方向。但在如今臺灣社會金錢至上，功利掛帥，政商勾結的氛圍裡，要大學自籌財源而沒有妥善的監督指導和規範，勢必將校園推向利慾的深淵而更形庸俗化。

已有教授為臺大謀，要出售牛奶、麵包，在森林區發展觀光事業，種植高冷蔬菜、花卉等籌錢的點子。黃炳煌教授（二十一世紀我國高等教育之展望，1 頁）曾經指出，臺灣的高等教育是一種倒金字塔型的「極端中央集權制」，集權化的

10. 大學教育的探討：對教育部教育白皮書的看法

程度，除了中國大陸外，可能再也無出其右者。若在財務上亦仿效大陸鼓勵各校自行「創收」，而也演出北大推倒南牆的事件，則真不愧是難兄難弟。

我們認為，教育部不徹底檢討過去的教育政策，完全揚棄以往的控制心態，報告書中所列舉的諸項開放目標，恐怕都將淪為空談。

在現實政策上，我們則建議，教育部應妥善把握憲法所賦予之監督角色，當真「有所為有所不為」、「有所准有所不准」。當大學違背自治精神，不守相關法規的約制（例如以不具教授資格的人員授課，故意違背私校法規定，董事長干預校務等），即應給予有效的制裁或矯正，而非帶領校長形成連線來破壞自由化的自主性。

至於教育部提及促成大學分類以鼓勵建立特色，固是美意。但首須自政策上解套，如人事（尤其職員）、薪給、學費都應能擺脫僵滯的官僚體系，給予彈性空間，才能以市場價值來決定其營運特色。

再者，大學品質的提升的確是當務之急，學生輔導體系的重建也是不容規避的責任，教育部在高等教育領域所扮演把關守門的角色，只有日益吃重，豈是「大學自主」所能推托得了的！

11. 但開風氣不為師：
學改會兩年的成績單

　　這幾年，我們隨著時代的脈動，終日熙熙攘攘，不是東邊救火，就是西邊打水。雖然了解到以勢單力孤的學者身分，走出書房，投向社會，力量有限，所以始終將議題緊扣在高等教育上。但終以長期的積弊，非三年之艾所能見效。病毒在各種講求急速奇效的藥力猛攻之處，反倒培植出頑強的抗藥力，更滋凶悍。因此，每當稍獲喘息機會之時，總不免感慨之中夾雜著自責。百無一用是書生，我們到底為社會貢獻了什麼？嚴重的挫折感，難免常常不經意的困擾著我們。

　　但是，面對今日必須繳交兩年來的成績單時，我們不得不嚴肅的去檢討這幾年的作為，竟也深感安慰。因為，仔細回顧著來時路，卻不禁凜然一驚。因為學改會身處臺灣社會變遷的當口，並沒有繳交白卷。尤其，學改會是眾人心力所凝聚而成，大家的努力，縱使短期內未能彰顯，但對臺灣的影響力卻也由不得個人妄自菲薄。這些微的自許，已足以鼓舞著大家再邁步向前。

　　學改會這兩年的作為，可以「但開風氣不為師」，做為最佳註腳。其實，若往前溯及學改會成立的淵源，當發現這一切因緣都是有跡可尋的。

　　早在解嚴之前，校園的民主氣息尚未甦醒，學改會的教授

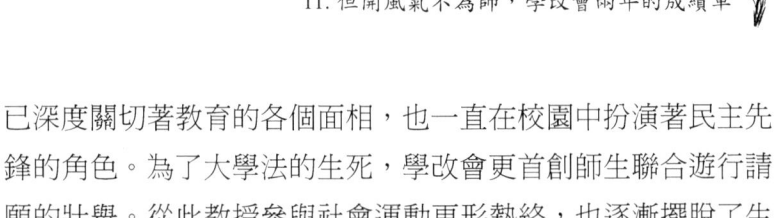

已深度關切著教育的各個面相，也一直在校園中扮演著民主先鋒的角色。為了大學法的生死，學改會更首創師生聯合遊行請願的壯舉。從此教授參與社會運動更形熱絡，也逐漸擺脫了生澀矜持的身段。之後，中正堂的臺灣式民運，憲政改革的呼籲，對學術尊嚴、言論自由的堅持，學改會從未缺席。尤其對風氣的開創，觀念的深植，學改會真可面無愧色，昂頭挺胸向歷史做交代。

　　學改會在正式成立後，更以全力投入大學法的救援工作，而首開由教授緊密監督國會，影響立法內容的創舉。由於對法案的嫻熟，理念的清晰，從未間斷的旁聽，真正給立委們造成了極大的壓力。學改會所做出的立委評鑑，不僅有客觀上的數字表現，還能掌握法案內容的精髓，又不涉及個人權力之爭奪，其誠信度足可建立國會監督的模式。

　　1991 年，學改會舉辦「高等教育研討會」；翌年，學改會進行「大專校長評鑑」；目前，正積極著手編撰「高教白皮書」。這些事，都應該是由教育主管當局主動去做，卻四十多年來都未見動靜。教育當局缺乏教育理念，政策紊亂，行政薄弱，人才資源偏枯，已使「教育」，由高等至基礎，無一不弊病叢生，腐化至極。學改會實在不能坐視，這才螳臂擋車，不自量力，明知其艱困，仍勉力為之。其用意也不過藉之提醒教育當局當為與不當為，不要錯以為「有權乃大」，毫不在意民間的監督力量。同時也希望能喚起教育工作者的覺醒，許多事，不能空白嗟嘆，我們仍是可以振臂而起，發揮民間自省功夫，以民間活潑的生命力，來化腐朽為神奇的。

尤其，校長評鑑與高教白皮書對學改會而言，真是吃力的工作。人力之不足，資料蒐集之困難，心情上的戰戰兢兢，明知會遭受不完整的抨擊，但我們還是動員了在可能範圍內的最大人力，在王九逵教授最認真的態度領導下加以推動，所憑藉的，也就是這一點「但開風氣不為師」的信念。

　　除此之外，學改會一貫的業務仍順利的進行著。立法院內只要有大學法的審議，就有我們的同仁進場監督，施加立委應勤奮議事的壓力；會訊如期的報導，不至脫期太久；「師範教育法」在邱守榕教授的主持下，才能號召關心師範教育的教授們在炎炎暑夏，熱心參與。而楊澤泉教授為學改會所主持的「國父思想」與「軍訓」課程的民意調查，使教育部軍訓處所做的民意調查真相畢露，揭發了他們欺騙的手段。只可惜立法委員不能做義理之辨，甘為強權箝制的劊子手。使得「還大學以自由」的奮鬥，還得持續不斷的努力。

　　學改會所繳出來的成績單，不盡能令人滿意，但工作同仁們卻無不已全力以赴。尤其臺北以南的教授，經常為了學改會的事，甚至一聲赴立法院的動員令下，就奔馳在高速公路上，那樣的心意，真不知該如何去表達個人心中的感動。

　　學改會在如此的精誠之下，必定還能釋出更多的能量，為臺灣的教育把脈處方，力挽狂瀾。只因這兩年來，在千頭萬緒中，唯有先開出一條血路，先行披荊斬棘，再來播種，以至組織、推廣的工作力有未逮，也未能積極向外募集款項，奠立財務基礎，這都是未來不能偏疏的工作。但盼在面臨新的轉捩點時，學改會能將開創穩健的步調，交互為用，為臺灣教育奉獻出更豐碩的成果，則也不枉做為一世的教育人。

12. 一次全新的學生運動

　　我從來都不認為文大美術系事件是一件孤立的、簡單的個案。

　　事實上，學生所訴求的重點，雖是導火的退學、系主任不適任，及選課自由等看似相當個案的理由，但卻挑戰了整個高教體系，尤其是教育官僚和受教者之間的緊張關係。我期許文大美術系的學生們能夠在這次事件中，擔負起徹底改造私校的火車頭使命。

　　然而，就在學生堅持了一個多月的罷課運動中所展現出的智慧、勇氣、堅毅和自律，終至順利接管美術系系務，轉化罷課的形式，竟直接挑戰大學自治的精神和意涵，顛覆了傳統的權威式的教育理念，而有超乎意料的震撼與驚喜，相信必能造成教育系統極大的衝擊與反思。

　　文大美術系事件，無論其目的、動機、手段與意義均與臺灣過去所發生的多次學生運動不同。從六〇年代的保釣、自覺運動，乃至九〇年代的3月學運，都與社會議題密切結合，甚且冠以愛國的大帽子，藉以取得正當性，所以容易獲得社會的認同和支援。不過，也容易被正統權力給收編了進去，不是曇花一現，空留遐思，下焉者，還果真會淪為統治者的利用工具。

　　文大美術系事件，則純以爭取創作自由的空間、學生申訴及參與系務的權力，故其活動範圍始終僅限在校園之內，連下山到了教育部，都吃了鐵門羹，社會支撐力極為薄弱，還不時

有學生逾越本分的指責出現。

然而，就因為少了外力的干預，學生終能以其對理想的清純堅持，而展現出高度智慧與創意，打破學運僵滯的模式，開展出學運的新契機。

尤其，接管系務的頭頭是道，還真讓一向以學生年幼淺薄，在校園中是過客為藉辭，而阻止學生參與校園事務的威權神話全盤打破，真正挑戰到了大學自治的核心部份。

相對於年輕學生的從容、堅定，教育部和文大校方所表露的窘迫，退縮規避態度，只有利用權威和推拖來敷衍，則真令人有徒增馬齒的汗顏。甚至還在使用「黑手」「被利用」等戒嚴時期老掉牙的用詞，則更顯現官僚體系毫無創意，不花腦筋去真正了解問題，就更無解決問題的誠意和能力了。

官方總以校園自治事項打發掉近年來所有的校園困擾。不談四十多年來，臺灣教育領域從來不曾自主過。即使新大學法在 1994 年元月 8 日開始生效，教育部仍視若無物，不但要以部訂的「施行細則」，罔顧母法保障大學自治權的規定，強行規定大學的共同必修科，和硬要把現役軍人塞在學校，繼續竊佔教育資源。還函令各校別依大學法第 8 條規定去制定「組織規程」，得依據教育部違法的施行細則來行事。如此的全國教育最高主管，公然要大家集體違法，也就難怪法治教育的徹底失敗了。

臺灣的各大學，自古至今何曾有過自治權？出了事，該依法監督的主管卻以「自治權」推得一乾二淨。但當各大學以更落實民意的普選方法，來尋覓自己的校長時，教育部卻拿著雞

12. 一次全新的學生運動

毛當令箭，干預得緊。連教育部都無從掌握法律內的自治權應充分尊重，法律外的濫權要從嚴監督的分際。大學內落實真正的自治權，恐怕還有一段黑暗時期。

被禁錮太久的金絲雀，早已忘卻海闊天空的滋味，還能以擁有鳥籠而沾沾自喜。大學自治權雖已法律化，卻還有賴學界的自覺自重，才能恰如其分的發揮其作用。而從文大美術系學生的表現，中規中矩清新可喜，而他們所堅持的理想，可能為大學體制所帶來的啟示，在在都令人感動。威權日已遠，已被權位利益薰染得面目全非的為人師長者，還能不放下身段，依舊死要面子，只管把住自私、愚昧，不坦誠與學生互謀大學的共治，重建大學的新倫理，豈不愧煞！

13. 開發原始林：二十世紀八〇年代的校園風雲

一、特別權力關係底下的校園

　　一個封建、威權的專制社會，對校園的控制，不敢有絲毫鬆動。目的就在鞏固統治權力，防止社會菁英對其權力質疑、挑戰。控制方法，主要透過手上的行政體系由上而下，從人事、經費和課程上下手。對於學生的關係，則祭出十八世紀，德日極權國家所奉行的「特別權力關係」，把校園控制得滴水不漏。

　　特別權力關係底下，被統治者在憲法上所受保障的基本人權一概暫時凍結，完全受制於統治者單方的意思。對學生而言，一旦入學取得學生身份，校規由校方訂定，學生無置喙餘地；犯規由校方制裁，學生無救濟申辯機會；活動由校方批准，內容由校方審查，反正一切都由學校主宰，學生是校園中的客體，如同一顆棋子，只有任人擺佈。校園，在民主的領域中，完全是個未開發的黑森林地帶。

二、學生運動的階段

　　學生處在這種環境之中，大部分都逆來順受，甚或認為理

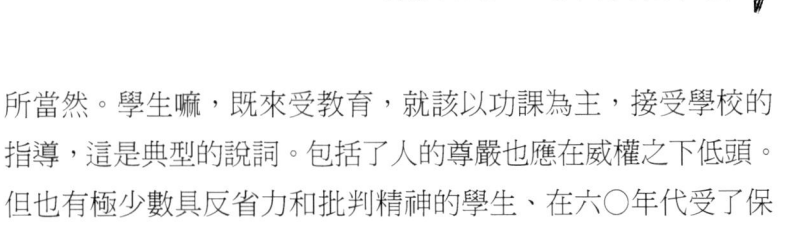

13. 開發原始林：八〇年代的校園風雲

所當然。學生嘛，既來受教育，就該以功課為主，接受學校的指導，這是典型的說詞。包括了人的尊嚴也應在威權之下低頭。但也有極少數具反省力和批判精神的學生、在六〇年代受了保釣運動的激勵，復甦了死滅已久，在大陸時期的學生運動，而展現出生機微弱的反抗精神。但也只能在體制內掙扎，只不過企圖掙脫種種桎梏，掙回起碼的人性尊嚴而已。

因此，即使在社會仍十分閉鎖的時代，校園裏即間斷地在民主化、自由化的議題上，爭取學生權自治或言論權。不過限於主客觀因素，這些呼聲都極為孱弱，無法引起校園外的共鳴，校園裏的行政體系不費吹灰之力就能將之壓抑至無形。呈現在外的始終是讓統治者引以為傲的安定、平靜、祥和。

八〇年代的前半期，校園活動仍侷限在前述幾項議題中打轉。只是隨著社會氣氛的解放，抗爭聲音較為凸顯而已。此時，具體的活動，是臺大要求代聯會主席直接選舉。此項訴求，最後在校方妥協下，以「各系直接選舉」收場。普選運動，總的來說不算成功。

1986年下半年起，臺灣一連串政治對立的緊張，民間各種團體和社會運動風起雲湧，使得執政黨不得不面對現實，放寬箝制的力道，準備迎接中華民族五千年來的民主氣象。

校園感受生氣盎然的民主氣息，激發了原具獨立性格的校園菁英之覺醒關懷運動形式。

因為要扣上社會脈動，深入社會去實踐理想和關懷。臺大大新社三十多名社員在1986年暑假組成杜邦事件調查團，在鹿港和臺北從事一個月的調查工作。此項深為各界所讚賞的行動，

卻不獲見諒於校方及有關的權力機構,而以「大新」部分文稿未送審,逕行刊登為由,予以停社一年及三名負責同學記過的處分。

懲戒案通過後,大新二十二位社員發表「給孫震校長的公開信」,要求孫校長發揮道德勇氣,拒絕外來壓力,為臺大創造一個尊重學術自由和言論自由,尊重人格尊嚴和知識尊嚴的空間。自此,展開了各校的抗議風潮。地下刊物蔓延,如臺大的「自由之愛」、「地下」、「農學院傳單」,政大的「野火」,中興的「春雷」,成大的「畢聯會批判」,高醫的「公開信」等,不但向長期來,校園封閉的威權體制挑戰,也與社會上的民主運動緊緊相扣。

從微弱的吶喊,到對體制的抗爭,學生運動至此已轉進為與既有的支配性規範決裂,進而尋求建立新的自主性的校園關係。要求檢討「大學權力結構」,提出「大學改革宣言」及「大學改革方案芻議」。並赴立法院請願,這又開了學生為校園關係,行使憲法權利,衝破校規禁忌的先河。校園運動已提升至法律與政治的層次。

要求改革既存的校園權力結構,最終須從法案上著手。於是,各校學生結合了相同的理念,南北串連建立了跨校性的單一議題組織,「大學法改革促進會」標舉著大學自治、校園民主的理念,全力為大學法的修正奔走。至此大學中的學生運動邁進了另一階段。

三、教授們的抗爭活動

相較於學生們的運動,老師是更要保守和溫吞得多。本來,教授已屬既得利益社群,長期的白色恐怖,只有明哲保身,才是上策。如果能稍事溫馴,名利便唾手而得。只要安份守本、不眛良知,不曲意護航,能獨善其身,已是了不起的學者風範。那管得了校園中的不公不義。

然而,社會的變遷終究與校園一脈相連,只要時機成熟,校園裡的另一群主體依然也是熱血澎湃,不能自外於改革的洪流。同樣是 1986 年底,臺大教授開始籌組教授聯誼會。其目標除了要打破科際間的隔閡,促成學術整合外,更積極的要追求學術自由的環境,重建學術獨立的尊嚴。也想扮演校園中橋樑的角色,仲裁學生、校方和教授間的糾紛。

由於執政黨始終將大陸淪陷的責任,歸罪於知識分子鬧學潮,以之為嚴密控制校園的藉口。因此最忌諱的就是教授、學生串連搞組織。臺大具龍頭地位,一舉一動會引起骨牌效應。因此臺大教聯會的籌組,立即為最高當局所關切,成為從中央以降到知青黨部全面動員對付的事件。以致事情尚無眉目,壓力即傾巢而來。在百般艱困中,臺大教聯會步步為營,以退為進,終至開拓出些許局面。無奈,最後還是抵擋不住黨團組織的運作。破壞、分化不成,進而操控,以致尚未正式成立即鬧選舉風波。勉強成立又告質變,擋了兩年未見起色,原發起人終於棄守,全面退出,臺大教聯會乃告淪陷。 臺大教聯會雖然功敗垂成,但對權利意識的甦醒,教師運動的播種不無微勞。

臺大教授聯誼會轉化成為逸樂團體,當初的原班人馬再

結合其他校園,也幾乎是以各校教聯會為代表的教授,雖然人數不多,卻意志堅強,聲勢壯大的「大學教育改革促進會」於1991年5月,宣告籌組成立。

鑒於臺大教聯會的前車之鑑,組織工作令人趑趄不前,可是大學法的推動卻刻不容緩。於是6月初,發動連署了八百多位教授,到立法院為大學法的修訂請願。6月底立法院在三個老立委,快速的荒唐審議下,激怒了在場觀察的教授,造成軒然大波,引發「九二八」師生聯合上街頭。將一部垂死的大學法,活生生給搶了回來。大學學運至此達到顛峰,又開創了歷史上的新頁。

四、師生運動的歧異和困境

綜觀大學師生在校園裏的活動,各具特色也能相互輝映。學生在大新事件中因獲有老師的精神支持而益發理直氣壯。老師能起而行,也多少受了學生的感召。但畢竟兩者間有不同的生命歷程、現實背景,在觀念、作法上多少有些歧異,也不足為奇。只是雙方的溝通、調適仍有待學習。

學生到底年輕、熱情,充滿了理想又無舊包袱,為了實踐理想,的確可以義無反顧全力以赴。表現於外的也真是可圈可點。但是因為學生是校園的過客,等能了解現狀,進入情況時,已接近交班時刻,故往往傳承無力,容易形成斷層。也因為在校園裏的時光短暫,某些學運領袖乃急於搶短線、擴戰場,致使某些論點易流於激進,做法上也嫌急躁。使得校際間的整合

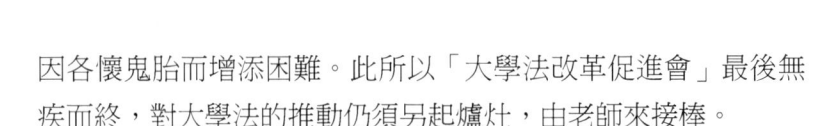

因各懷鬼胎而增添困難。此所以「大學法改革促進會」最後無疾而終，對大學法的推動仍須另起爐灶，由老師來接棒。

不可否認的，某些學運領袖雖富理想特質，但亦不脫功利心態，特別的靈巧機變。有時會為了達到目的，不惜手段。甚或認為以暴易暴亦不為過。或許這也是四十年來教育的成果。對不合理的傳統建制，批判反省固是改革創新的動力，但行事之間，則更應培養超越傳統封建心態，以及廣闊的胸襟，否則不脫執政黨行事的模式，將是開拓學運更廣闊空間的障礙。

教授方面能放下一貫的身段走上街頭，已是天大的突破。以教授的年齡、經歷，行事方法，在學生眼中或許仍然權威、保守，還總須假以時日，慢慢調整。但也不能否認，教授的考慮也較周延、世故，因為教育畢竟是教授終生的志業。困難乃在，能挺身而出的教授為數極少，動員不易，尤其這等教授特別具有獨立個性，一言不合即可能拂袖而去，再也不加理會。爭權奪利的事，也屢見不鮮。平日高談闊論民主，當實踐於現實社會中，還要不斷的反省和學習。

八〇年代的大學師生，縱使頻受挫敗、命運乖舛。但為校園體制改革所做的努力，已足以為大學學運寫下新頁。學運不是目的，在這過程中，師生都藉著學習而更形成熟，與社會更血脈相連，那才是最終的價值。

14. 520學運的檢討與期許

因獨臺會事件四人涉嫌被捕而引發的大規模抗爭風潮，經過十三天的澎湃洶湧之後，終於在 21 日午後暫時寫下了逗點。學生、教授的訴求，獲得部分回應，這確是歷年來政府最大的讓步。然而，基本問題，諸如，刑法一百條的修廢、失職官員的政治責任，校園情治人員的撤出等均還未有具體的解決。更以 21 號學生行動在高喊「理想絕不打折，抗爭絕不終止」的聲明中殘留下的缺憾，在在使得未來的發展充滿變數，將來學運何去何從不但有待觀察，也更須坦誠的檢討和化解，始能匯集更豐沛的力量，以民間勢力，主導社會的改革。

此次學運絕非偶發事件，實延續自 1990 年 3 月學運未竟之餘緒。這一年來，當時的訴求雖在表面上有所呼應，事實上卻背離民主改革的目標甚遠。鬱積不滿的情緒，受騙被欺的感覺，在 4 月國大臨時會時期，不但未能有所宣洩，更以多項行動受挫，乃至提昇了蓄勢待發的臨界點，只待點火，便可奔騰而出。

較於 1990 年 3 月學運，師生都在摸索中尋求經驗。以致 1991 年的行動，學生更具有自主性，訴求也因事件的具體、貼切，而強撼有力。同時擺脫了嘉年華會式的浮華，以同質性來凝固活動力，進而推展出 520 的高潮。因此，無論就組織、運作、決策等各方面都更見成熟，也足以採擷豐碩的成果。

然而，遺憾的是，存在於不同團體之間的歧異，卻未因去年的教訓而有所消弭。甚且更形擴大且已經表面化，埋下了日

14. 五二〇學運的檢討與期許

後合作的裂痕。至於教授方面,首度大規模合作,也因各團體間意識形態的堅持,決策程序的稀鬆,甚且主導權的爭執,危機時現。勉強同為 520 的成功,相互忍讓。即使在 520 當天,亦因某些團體的耍小動作,種下心結。更因和堅持留下的學生未能達成協議,不惜犧牲社會和道義責任,保全法律上的無辜。這種種瑕疵,雖然瑕不掩瑜,學生、教授堅持理想,為社會奮鬥的心志值得肯定與敬重。但,若能更進而培養寬容大度的胸襟,和民主的風範,勢必更能發揮知識界潛在的力量。

　　至於政府方面,其處理手腕亦愈見圓熟,從調查局副局長的強硬態度,乃至轉換為低調處理。懲治叛亂條例的迅速廢止,四人立即交保釋放,行政院郝柏村院長也從先前的不留餘地的口吻,改以溫和態度召見各校教授,表達尊重學校的意願。教育部也劍及履及有設言論廣場之議等,使得學運的熾熱降溫不少,發揮了極大的緩和作用。而對 520 場面上的處理,亦以柔性出之,的確為化解此次學運的良劑。執政黨處理學運危機的經驗,在蟄伏四十年後又重現功力,亦令人不得不佩服其能屈能伸的韌力。

　　但是,表面的抑制並不代表危機真正的化解。平心而論,這次學生的訴求自有其正當性,亦能獲致社會普遍的支持。動戡終止,政府不改其專制的心態,仍以懲治叛亂條例胡亂抓人。倉促因應學運廢此惡法,卻更彰顯了行政權獨大,凌駕立法、司法之上。而警察施暴還一再說謊,教育部次長未明事理之前濫用其言論自由權利,忘卻其主管官署應有的分寸,乃至刑法一百條的修廢,校園情治人員及教官的退出無一獲得明確的回

71

應。換句話說，根本的亂源未除，言論自由、學術獨立未獲保障，責任政治未能建立。則這次的學運所真正的收穫，不過將獨臺會四人保釋在外，與所付出的社會成本是否相當，值得深思。

　　我們要再三強調的是，請政府正視學運的根本因素，徹底檢討，採納雅言，真正從事於民主改革，拋棄黨我自利立場，才是應付學運的誠摯態度！

15. 重新尋找學社運的生命力：
1990 年回顧與展望

　　學運、社運的蓬勃自 1990 年展開。到 1990 年 3 月，中正堂前連續六日夜聚集了成千上萬的青年學子，為國家的前途請命，燦爛奪目達到了顛峰。孰知此後即如一場春夢，又如流星閃逝，學、社運的聲勢日趨微弱，甚且有偃旗息鼓的態勢。五輕已經動工、核四、六輕似乎勢在必得、農民、工人、學生、教師所有的活動都遲滯無力，也難以獲得媒體的青睞。即使為聲援黃華，議題尖銳鮮明的 1215，也在平淡無效果中收場，莫非 1990 年真是學、社運的終結年？

　　學社運的興起有其必然的社會背景，其消跡亦多緣之於情境的改變，或新議題尚未形成。但是觀乎 3 月來訴求之主題——憲政改革，至今未見任何成果，不但政局僵滯如昔，且與國是會議之結論越行越遠。兩階段修憲，由老國代主導，不但呈現不出當局改革之誠意，還為未來變局埋下火種。充斥於知識份子之間的乃是從未有過的失望和沮喪。按理，在這樣的一個低迷時空的條件下，正是社運蠢動的最好時機，何以曾經意氣風發的學社運此時都欲振乏力？

　　當然，其間不無脈絡可循。社運的能量猶如人的生理機能，有其適時性的潮動，禁不起長期的彈性疲乏。過去三年來，無論政治、經濟、社會都陷入了狂飆式的迷亂中。金錢追逐，權

力鬥爭,舊體制的解體、新秩序的難以建立,在在都使得絕大多數的中產階級感覺厭惡與恐懼,而急欲重獲安定,以維護其既得利益,是乃所謂『新保守主義』之興起。

除了大量的中產階級在激情過後,尋求穩定,漸漸遠離群眾運動,而造成學社運動孤寂寥落的結構因素外,政府長期以來透過媒體所塑造的威權文化,自亦有其相當的影響力。

本來,中國人在傳統的封建意識下,一向服從權威,對政治即或不滿,亦只能趨吉避凶,表現溫馴。普遍冷漠和疏離的心態,更助長了不合理或壓抑的存在。這三年,因為強人的過去,社會突然鬆懈解構,鬱積已久的悶氣這才一發不可收拾。然而當情緒稍獲抒解,另一強人再度以泰山壓頂之勢降臨時,人民潛存的卑屈劣根性便又復萌。

姑且不論郝院長在今天的時空下,果能重建過去的強人政權。至少媒體刻意塑造的肅殺之氣,已足以震撼絕大多數的人民,使之失去挑戰的勇氣,縮回自保自利的殼中,不再挺身為公義努力。這是自5月郝院長主政以來,一連串的打壓社運策略的奏效,終使學社運氣衰而竭。

一般人民怯懦,自利的性格固不利於學社運的長期發展,同時也是民主政治的致命傷。此所以臺灣的民主進程始終顛沛蹇澀,難以開展。不過臺灣民主確實是條不歸路,民權意識既已抬頭,短暫的低迷,當不必做絕對的悲觀,此從半年來學社運的發展亦可見其端倪。

學社運既是少數精英所帶領的風潮,這少數菁英及知識份子必有其理念上的固執。雖然客觀環境的驟變,未能再造風起

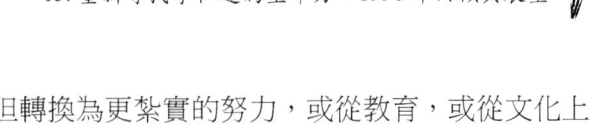

15. 重新尋找學社運的生命力：1990年回顧與展望

雲湧的聲勢，但轉換為更紮實的努力，或從教育，或從文化上著手，從事體制的變革，當更能成就其事功。以潛沈穩定的手段，更易促進改革目標之實踐。

另一方面，當邊陲的泡沫群眾散去後，更容易凸顯改革理念的同質性，堅固凝聚力量，而自然提升了訴求的議題。正如3月學運要求憲政改革失利後，乃轉折至更根本的主權議題，形成尖銳的對立，再度緊繃已呈疲軟的彈性，未嘗不是學社運生命的另一契機。

更何況，高壓政策只可見效於一時。時間一久，將再度蹈上類似長期戒嚴，導致彈性疲乏的覆轍。在民智已開，民權意識已張的社會，縱使難以怯除傳統的劣質性，但其核心而不可侵犯的權利，亦將更趨明朗而堅強。當高壓政策傷及此一極限時，勢必激發銳不可擋的反彈，屆時之傷害恐非我等所能預估。

值此社會轉變的關鍵上，我們期望於學社運者，乃應純化其品質，講求反對的倫理，切莫以暴易暴，更疏離了人民的認同。而我們更期望於政府能從化解學社運的發生原因上著手，勿存壓抑的短打心態，讓學社運的暫時低迷產生正面效應，才是全民之福！

III

實踐之路——
臺大鏡社

16. 臺大透視發刊辭

　　有云：「大學是社會良知的最後防線」。這種說法雖稍嫌消極，但雖不中亦不遠矣！

　　社會良知反映的是對理想的肯定和矜持。因此，從積極的角度來看，大學是社會孕育、傳遞理想的搖籃，它更代表著社會的希望。一旦，大學喪失這等功能，社會也將成為現實的俘虜。灰暗、醜陋、狡黠而頹廢。

　　然而，現實總是順著人類原具醜惡本質之慾念邊緣，以實作的方式呈現在日常點滴生活之中，所以，它永遠是既存實有，一再重複的「現在」。理想，則體現著人類靈魂深處，上帝所創造與期待之美而善的情操光環，指引著光明的方向，卻只能以象徵意念的憧憬方式，用「未來」的期待來呈現。

　　「現在」與「未來」，永遠沒有交集；「現實」和「理想」也永遠存在著鴻溝。這道鴻溝不容易跨越，也不容易弭平。但是，文明可貴之處就在總有少數的理想主義者，努力著企圖填平這道鴻溝，讓理想滋潤現實世界，而使生命能充滿希望的芬芳和想像的生趣。對大學教育改革理想的堅持，正是理想主義者具體的展現。

　　近年來，臺灣在諸多主客觀條件促使下，威權逐漸瓦解。就大學而言，大學法已修訂完成、公佈施行，臺大校長早在此之前，就已由校內自行產生……。然而，校園新秩序並未因此就緒，體制的重建，並不能保證人們心靈和行為的解放與改造，

威權式的壓制和桎梏，仍深深地左右著校園。

臺灣大學，一所承接日本殖民時期臺北帝國大學的學府，自臺灣被中華民國接收後一直是培育臺灣一流人才的搖籃。然而近一、二十年來，她的表現已漸失光芒，在許多科系已被其他新興校院所取代。回顧日本人設立臺北帝國大學之宏規，乃是要使臺大成為世界一流的大學。但五十年來，我們不但無法與日本的其他幾所帝國大學相比，甚至已被國內幾所大學所超越。作為臺大人，能不深思反省？是經費不夠？是人才不足？是空間不夠？是制度不全？或是其他原因？

百餘年前，孫文曾向李鴻章建議圖強之道為：人盡其才，地盡其利，物盡其用，貨暢其流。今天，臺大每年預算約五十餘億（包含附設醫院），師生員工合計三萬餘人，校園數十甲。然而，我們的表現是否能符合大家的期望。如否，何以致之？

我們深信一個健全的行政體系，是將上述廣大資源充分發揮的必要條件，而一個健全而具有功能的校務會議，更是督促校務發展的最重要機制。另一方面，隨著臺灣社會的脈動，臺大自行選舉校長已為學界帶動民主風潮，然而，一個民選校長的施政是否能被充分監督，更是一個重要課題。

大學自治理念的落實，最需要的仍是一塊自由而開放的園地、一群肯用心、願耕耘的園丁、以及懂得欣賞並珍惜的大眾。「臺大透視」的發刊，正是我們苦心擘劃出的一塊公共園地，它的萌芽、成長、茁壯，都有賴全體校園成員的灌溉、耕耘和珍視。

大學自治理想的推動，自觀念發軔、制度重建，而今已至

16. 臺大透視發刊辭

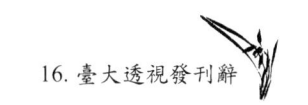

具體落實的階段。透過公共論壇自由、開放的空間,讓學校校務能透明公開,使全校師生因獲有資訊,進而了解、關懷,驅散長期來的疏離、冷漠。再透過本刊討論校務,交換意見,形成共識,最後促成大學自治的具體實踐,便是本刊最大的目的。

七年前,臺大同仁基於相同的理想,曾出刊過「臺大教聯通訊」,做為討論校內公共事務的論壇。遺憾的是,該刊不久即告夭折。而今,「臺大透視」順利問世。我們期盼這是一個新階段的起始。為落實校園自主,發皇大學締造理想的精神,也祝禱這是一個永續的開始,請全校師生共勉之。

III 實踐之路──臺大鏡社

17. 落實大學自治應從校園做起：兼賀臺大鏡社的成立

　　大學自治迄今仍未真正在臺灣的大學校園中落實下來。其原因甚多，但最重要的還是在於大學本身的覺醒與努力。目前臺大「鏡社」成立我們願預祝該社改革臺灣教育的理想、抱負有以實踐。

　　自從新大學法公佈施行，授與大學在法律範圍內有自治權之後，臺灣各大學在校長選舉、軍護課改選修、課程規劃乃至組織規程的擬定等議題上，紛擾迭生、吵嚷不休，以至社會上頗有質疑大學是否有自治之能力，而助長了校內外反動保守勢力的滋長，使臺灣高等教育的發展埋下不利的種子。

　　大學是傳承知識、創新文化的聖地，更是引領社會前進的先鋒。唯有大學充滿理想性格，社會才能生機盎然。不幸的是，臺灣的大學在長期思想箝制，行政干預之下，已漸淪為完全由「工具」取代的職業訓練所，甚至沉落為國家機器的附屬品，此所以造成彭明敏教授感慨臺灣社會最缺乏的是「理想」的主因。

　　幸而，這幾年來，大學亦隨著社會民主風潮而有所覺醒。從觀念傳散而至制度重建，都有相當進展。只可惜殘存的舊勢力，仍負嵎頑抗，致使新大學法的落實頗有阻力。

　　本來制度是人制定的，而且世事無常，法條有限，法制度

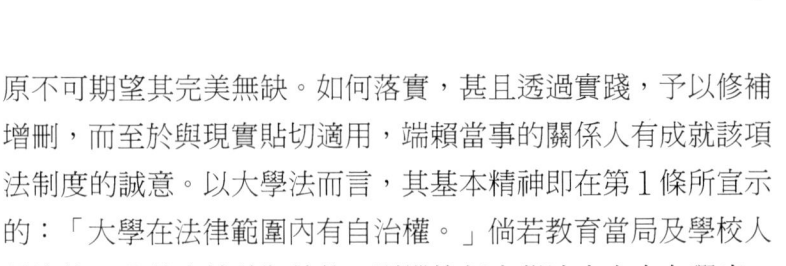

17. 落實大學自治應從校園做起：兼賀臺大鏡社的成立

原不可期望其完美無缺。如何落實，甚且透過實踐，予以修補增刪，而至於與現實貼切適用，端賴當事的關係人有成就該項法制度的誠意。以大學法而言，其基本精神即在第1條所宣示的：「大學在法律範圍內有自治權。」倘若教育當局及學校人員均能以此基本精神為鵠的，則縱使新大學法本身容有瑕疵，或尚有矛盾，亦都能因善意執行而獲解決，且不致造成如今校園與教育部之間的諸多對峙的情緒。

再者，大學法既賦予大學自治權，並規定校務會議為校內最高決策機關，校務機關之重要性當不言可喻。然而，因為長期的封鎖，校務會議早已徒具形式，並無討論及決策校務的能力。突然成為最具實權的機關後，更恐成為各方勢力角逐的戰場。如任由校務會議濫用民主程序，卻毋庸對校園負責，則難以避免的仍會成為盤據在校園中的民主怪獸。因此，如何確實掌握民主實質的內涵，使校務代表能珍視其代表性，回應校園責任，進而開放議程，使全校師生都有機會參與，透過共識、形成決策，才是落實大學法的最佳途徑。

臺大某些教授，長期來關注大學發展，並投入具體的改革行動。在一連串的觀念發軔、制度建立等階段的努力後，並在臺大首度進行校長民選，改軍護課為選修，開創校園民主化的風潮。而今雖大學法已經完成修訂，仍奮戰不懈，再接再厲，成立「鏡社」，發行「臺大透視」雙周刊，以期真正落實大學自治的理念。此種精神不但值得敬佩，更應給予支持和肯定。

「鏡社」之意有取其透視事實、明心見性之特質，讓校務會的決策透明化，以公意形成決策，正是「民主」的最高表現。

III 實踐之路──臺大鏡社

鏡社便明白表示其宗旨即在透過公共論壇自由、開放的空間，讓校務公開於全校師生之間，使全校師生因有所資訊，進而了解、關懷，驅散長期來的疏離、冷漠和本位，再以「臺大透視」此刊物作為討論校務的場域，則更能促成參與，形成共識，交付校務代表完成決策，則大學自治的具體實踐，自然可以期待。

臺大向居大學之首，亦得天時地利人和之便，一向帶領風騷。我們預祝臺大鏡社能堅持承續臺大的自由風格和社會使命，實現其不僅改造臺大，並進而改造臺灣教育和社會的理想與抱負。

18. 邁向學術自由的里程碑：
賀臺大自選校長奮戰成功

臺大在本月 12 日的校務會議中終於通過了推舉校長的辦法，讓臺大六百餘教授要求校長以民主方式產生的心聲初步得以落實。此一小步，不止將為臺大締造出新的局面，對臺灣高等教育而言，卻是突破的一大步。被禁錮了四十年的學術自由、校園自主精神，但盼從此能掙脫政治的干預，展露再生的新機。

大學校長承上啟下，在教育部和學校之間，居相當樞紐的地位，對大學發展具有絕對的影響力，是無庸辯解的事實。此亦所以教育部無論以何種手段，皆不肯輕易放棄對校長任命掌控權的理由。以致，大學法修正案在立法院審議時，對已通過的條文，教育部不惜以重賞動用舉手部隊，偷渡七之一條，來維護校長的任命權（護航的立委一獲任命為新大學的籌備主任，另一則出任不分區立委），甚且在未能得逞後，又幾番醞釀翻案，圖謀之亟，充分暴露了要繼續箝制學術的野心。

臺大的推舉案，就是在如此險惡的客觀環境下，又為因應迫在眉睫的下任校長選任的需求而產生的。其內涵縱使尚有瑕疵，有待逐步改進，以能更具體實驗校園民主精神。但大體上已充分掌握了自主和開放的原則，對出任校長的條件，在學術成就和客觀敬業上也有更嚴謹的要求。然而，即使如此溫和的辦法，我們可以預見即將面臨的質疑和刁難。事實上，教育部

所羅織的理由是荒謬而極容易破解的。

　　一、反對者總以校長由教育部派任是現行法的規定，自行遴選是缺乏法律根據的。其實不然，現行大學法僅規定大學校長由教育部聘任，至於產生方式為何，卻無明文。依照憲法保障講學自由，以及教育主管機關僅居監督地位的精神，校長應由校內自行選定，交由教育部為形式上的聘任是依理自明的。四十年來，教育部違憲控權，早已超越了其該當的權責。而被期許為社會清流的教育者，竟能不辯是非，不解法理，不為學校爭取尊嚴，僅依附於官方的強權之下，即使教育部亦自忖難逃民主潮流，願以合組的遴選委員會來做形式上的讓步，未曾顧及所謂「法律依據」？反倒是臺大辦法，極力要遵循已經一讀通過的修正案，以尋求「法」的依據，不惜委屈於業經妥協雕琢的法案，便更見其尊重法精神的苦心了！

　　二、教育部總以選舉會造成校園爭端，形成派系為阻擋的藉口，不但污蔑了教授的人格，更扭曲了民主的真義。其實，民主並非直接等於選舉，教授們所要求的乃是成員意見的充分參與，及被尊重。尤其校長任免，非出於一己好惡，更要嚴格要求其學養、風骨及能力。故以遴選方式出之，再交由有代表性之教員複決，兼顧了民主的形式與品質，若能更進而有充分時間規劃，交由全校教師複決，並納入學生意見、當更趨完善，又何懼派系，暴力。更何況，以國家最菁英份子所進行的選舉尚不能獲得信任，則臺灣之民主亦可以休矣！

　　三、或謂內部遴選會窄化選任範圍，降低學術品質。這正是教育部派令了四十年大學校長的結果。教育部派令校長向來

以黨派、意識形態為考慮，很少在乎其學術成就及教育理念。以現任臺灣二十三所公私立大學校長（包括兩籌備主任），僅中央大學及輔仁大學兩校校長非屬國民黨籍，即是明證。而校長由官員出任或做為退職的酬庸，更是平常。此所以傷害臺灣的學術至鉅，迄今都居世界邊陲地位，是主因也！臺大推舉辦法就是要打破此種褊狹的心態，以開放的胸際徵求得最恰當的人選，甚且不以校友及在國內者為限，即欲為臺大的學術發展開啟另一片天地。

教授們以教育為終身的職志，對學術與校園的了解及關懷，絕對遠超過有五日京兆心態的官僚們。以臺大教授在校務會議中的表現，實不愧為學術界的龍頭。臺大教授的考量不但會為臺大做最佳的選擇，也是臺灣社會的最大利益。請給知識分子應有的信任和尊重，不但臺大有權利自己選擇校長，這也是所有大學都不能妄自菲薄，自甘放棄的責任。教育部若不能體察時勢，橫逆自絕於民主洪流之外，硬要否決各校所提出之人選，交大、高師大的前例猶新，不過自取其辱罷了。

19. 告別思想禁錮的年代——談臺大、師大自選校長的政治意義

最近臺大和師大相繼透過校內最高意思機關，校務會議的議決，自行組織校長推舉委員會，遴選下任校長。同時，也經校務會議通過，拒絕推派代表參與教育部主導的遴選委員會。這兩所臺灣高等教育的龍頭大學，為了爭取大學的自主權，已擺明了不惜與教育部翻臉的架勢。

另一方面，教育部面對如是沛然莫之能禦的民主潮流，甚且，立法院也已做成決議，責令在大學法修正案未三讀通過前，教育部不得執行不倫不類的『國立大學校院長遴選作業原則』。教育部卻仍然頑強的表示，聘任校長是其權責，將不管大學單方面意思，執意要為大學作主，擇聘個『好』校長。

姑且不論教育部自行頒訂的『國立大學校院長遴選作業原則』是否違逆憲法保障講學自由的精神，事實上只具開放的形式，完全不脫教育部全力掌控的內涵。就以在黨禁、報禁、黑名單都已解禁的今日，政府各單位無不力求與所屬及民間保持和諧關係之際，唯獨大學，尤其是由菁英組成，最講求自主尊嚴的場域，教育部毛部長竟一反向來所刻意塑造的親和開明形象，以蠻不講理的專橫態度對待。而且還在立法院僅具跛腳國會性質的最後會期，企圖動員黨籍立委，蒙混護航，使大學法翻案過關，這其間的蹊蹺，頗堪玩味。

19. 告別思想禁錮的年代

其實,說穿了亦無甚稀奇。不過由此顯示執政黨對教育改革缺乏誠意。這幾年政治、經濟面的開放乃為情勢所逼,不得不爾。一旦面臨鞏固政權最關鍵的思想解放,則縱使冒天下指責獨裁的大不韙,亦是不能稍事鬆懈的。

國民黨對教育的掌控,從大陸失守、將責任歸咎於知識份子的造反起,到臺灣後,無所不用其極。黨、團、軍的進駐校園,人事的箝制,都不過是思想禁錮策略中的一環而已。而其中,臺大更被視為思想上的前線,不但來臺後的幾次重大事件和運動都發源於臺大,又因緣際會的聚集了社會頂尖菁英的師生,自詡承繼了五四北大的自由精神,集智慧與傲骨於一身,無論對思潮的開啟或助長,都具帶頭作用,執政黨對之既要御用,又有驚懼。既愛且恨,絲毫大意不得。

臺大校長尤其不同於其他大學,從來不是教育部層次的官僚所決定的。自傅斯年以降,經錢思亮、閻振興、虞兆中乃至現任校長孫震,不是由最高層峰御筆親點,便是由國民黨中常會認可,其政治重要性絕不下於部會首長,甚且過之。因此,教育部以頑冥態度抗拒校園民主之大趨勢,恐怕也非部長個人的意願,實乃幕後黑手所致。

師範教育培植各級教師,對國民人格思想的的形塑更具關鍵地位,其控制也就更為嚴密。不過,因為師範學府保守封閉的風格已成,執政當局也高枕無憂。然而,突地一聲春雷,臺灣師大在臺大之後,亦全力追求學術自由,校園自主怎能不令執政黨驚懼失色,抓狂的反擊。所以我們固然感佩臺大、師大教授們的努力,但基於教育體系的解放,是執政當局最不能接

89

III 實踐之路——臺大鏡社

受的永恆的痛,其前途多乖,仍不敢過份樂觀。

不過我們也要正告執政黨,唯有將私慾、黨利置諸於民意之後,以社會發展為最高考量,才是維持政權的最大法寶。而唯有贏取知識份子的心,獲得知識份子的認同,才是可長久之計,一昧的反智,甚且不改威權強制心態,不過加速其潰敗罷了!

20. 論校長選舉與省籍情結

　　臺大下屆校長將在今日由校務會議代表，投票產生三名人選，提供教育部擇聘。雖然，最後決定權仍在教育部，就大學自主的理想性而言，仍有缺憾。但跨出此步，且經教育部長公開表示將充分尊重臺大的選擇，終究是臺灣高等教育最具關鍵性的改革，其重要性不言可喻。而以臺大校長向來高居學術界象徵領袖的地位，又有動見觀瞻的社會影響力，所以競逐之激烈，以及各界關懷之熱切，都是可以預期的。

　　然而，大學畢竟是講求風格，追求理想的聖地。縱然為落實民主，而有選舉之舉，也當在理性自主的前提下進行。臺大人既是最精英的知識分子，更該摒除私利、本位，以臺大前途為唯一考量，選擇出最適任的人選。而候選人既都是在學術界成名已久的人物，便應以過去的成就，及展現出的治校理念，靜待選舉結果。又豈能不畏譏評，以低俗的拉票、請客、利益輸送、相互攻詰的手法，營造出濃厚的政客氣息。其實，僅以此等作為便已顯露其出任校長的適當性有所欠缺，果真爾後出任校長，也難寄以厚望。

　　不僅如此，臺大校園中近日頻繁出現以黑函攻擊，推舉委員不嚴守行政中立立場，以洩密、發個人信函等方式來為特定人造勢等惡質的選舉文化。不但令人對臺大原來的期許，大打折扣。而且也為臺大能否因此選出合格的校長，卻徒然破壞了經艱苦奮鬥而來的校園民主制度憂心。不僅如此，校園中湧現

III 實踐之路──臺大鏡社

出的省籍情結，儼然以相同於國民黨以往，以政治力凌駕學術的另一種姿態入侵校園，則更令人心寒。

據稱，臺灣教授協會，日前由李鎮源院士召集，決議臺大的會員教授，應全力支持臺灣籍候選人，而不論其是否適任。所持理由，則為臺大從未由本省人主過政，這次是絕不可失的機會。姑不論此項說法是否屬實，而臺大校園中也的確瀰漫著「本省人應投票給省籍候選人」的非理性情結，為校長選舉更添負面因素。

省籍情結有其歷史背景和政策錯誤的代價，是隱藏於臺灣社會，對臺灣發展最不利的毒瘤。包容化解猶恐不及，豈能更深化之、利用之，以為圖謀其他利益的工具？此所以我們不齒少數外省政客，挑動省籍情結以為政爭的行為。同樣我們也要譴責臺籍人士以偏狹的心胸，不當介入學術領域。

尤其是知識分子，原本就負有風吹草偃的使命，又以豐厚的學識、清明的理智，對是非判斷應有真知灼見。臺大校長本屬單純校園事件，卻不惜以省籍掛帥，犧牲臺大發展前途。除個人情緒反應或私利外，我們很難相信這是為臺灣整體考量的說辭。

校長民選的意義，在於摒除過去政治上的不當干預，讓學術能夠獨立發展，使校園能恢復為追求真理的理想園地。該民間團體的荒誕決議雖未必有影響力，但卻彰顯出社會上仍然有以暴易暴、欺凌學術的鴨霸心態。尤其出自於知識分子之口，則更令人不可原諒。

臺大推舉校長係屬創舉，在做法及過程中難免有許多瑕

20. 論校長選舉與省籍情結

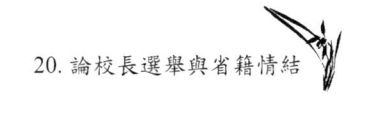

疵,但因此能創建制度,即屬難能可貴。瑕不掩瑜,依然獲得各界的肯定。唯此任校長的選任,不但關係臺大未來發展,亦影響及此制度能否穩固推展,關係臺灣高等教育的良窳。此等歷史任務臺大教授能不審慎?何況臺大究屬何等品級的大學,是否果真不負龍頭的盛譽,但看今天臺大選出什麼樣的校長來定位,且讓我們凝神以待!

21. 臺大校長遴選之回顧與前瞻

一、但開風氣不為師

　　大學校長由校內民選產生，在臺灣曾經是不可思議的事。即使在國外，學風鼎盛的地區也未必普遍採行。

　　在大學法尚未修訂完成，草案有被教育部推翻的可能，且內外壓力十分巨大，各方面都須妥協的時候，臺大首開風氣，在艱困中創立制度。在這樣的情況下，當然一切未能趨於完美，且受社會惡質選舉文化所波及，遴選過程有所瑕疵，選舉結果不盡理想，以至使得許多院士學者紛紛以國外大學為例，認為普選不可行。所幸，還沒有任何人主張要恢復過去官派校長的模式。連向來最保守，否定一切革新議題的人，也不敢公開發出不如官派的聲音。可見，這幾年推動校園民主化的成果已具體呈現，校園民主化已成普遍的需求，只不過對民主的方式還有所疑慮，不能信任而終有所反彈吧！

　　在整個大學改革的過程中，從大學法的修正，到校園的實踐，大學校長由校內自行產生，是最終必須貫徹的結果。應該承認我們對大學的理想性賦予了過高的期許，也過度愚騃天真的夢想著能選出一個直追胡適、蔡元培的臺大校長。完全沒有預料到會有如是難堪的流弊發生。

　　我個人雖然也強力主張，校園不該有如此濃厚的選舉氣息，同意不如以菁英組成的遴選會，主動挑選校長人選，或許更具

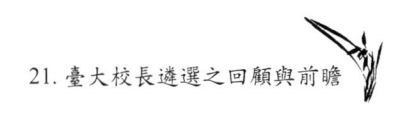

效率,更能符合學術要求。但那終究是人治的思維,不符民主去除絕對權威的要求。

就因臺灣社會是非價值十分混淆,權威或菁英的形塑有其相當世俗化的因素,將校園權力移轉至新權威手中,只有使學術與政治更密切結合。若不能同時建立相對等的責任機制,是很難期待一定會產生絕對理想的結果。反而不如交付全校參與,讓校長擁有堅實的民意基礎,以強硬的肩膀來排除官僚體系的非學術性干預,以期先行回復學術的自由自主性格。只有先靠制度的確立,藉以提升校園文化,才能袪除不良的弊端。只有當校長不再成為政治工具,也不再享有龐大的權位,校園中的決策能以平和、理性的民主運作時,校長以什麼方式產生,便不再是重要的議題了。

尤其,在現階段,無論就民主的形式,或民主的實質,都需要更加用力推動,教育官僚體系更有待突破的此刻,校長普選有其特殊的時代意義,遠遠超過挑選一個好的經理人而已。

只可惜,因人謀不臧,少數幾個人的私心自用,壞了多年來大家拼命努力的成果,讓大學教育的改革功虧一簣,甚而毀了臺灣的高教理想,那才叫人痛心疾首!

不過其中種種因緣,或者反映當時折衝的危機,或者反映民心的演變,即使在過程中所犯的種種失誤,還是很值得借鏡警惕。尤其臺大首任民選校長任期將屆,應否續任?再遴選的辦法,該如何改進?亡羊補牢,認真的檢討改進,或許還能挽救高教於一二。

III 實踐之路——臺大鏡社

二、臺大推動校長民選的過程

　　過去，臺灣各大學校長，無不由當局挑選黨政關係良好、黨政信念堅貞的人士出任（見臺灣高等教育白皮書，1993，時報出版）。其中，臺大校長地位尤其特殊。因臺大一向被視為精神前線，居高等教育之首，匯聚著社會的頂尖菁英，社會也期待臺大延續著北大，五四時期的自由精神。臺大校長人選，當然格外受到當局重視，都要最高當局首肯才得任命。

　　在長期封閉的氛圍裡，1986 年尚未解嚴之時，臺大教授就在校內籌組教授聯誼會，意欲突破重重禁忌，使教授在校園中的地位抬頭，進而參與校務。只有達成教授治校的目標，始能期望學術的解放。校長由教授選舉產生，正是校園民主的具體實踐，形成風潮，促成參與，達成普遍的共識，應是現階段校長民選的初步功能。

　　臺大校長的選舉和結果雖令許多人失望（就在校長人選揭曉的當天清晨，一位醫學院教授來電，不肯報知其姓名，僅以蒼老的聲音，有些憤怒的要我為臺大歷史負責。其實，此項結果，在遴選會決定五位複選人名單時，我即已料知。對老教授的指控，我惟有黯然，無言以對），但一舉突破陳腐的觀念和體制，讓民選校長成為必然的趨勢。其他各校無不一一跟進，迫使教育部必須改變態度，這是臺大無需愧疚的成績。

　　在當時，臺大此舉若未能成功，官派校長再一任 9 年，則勢將阻抑教育改革的潮流，連大學法也不知會被保守勢力修改成何面目。所以，我們在推動當時，每一環節都關係重大，只許成功，不許失敗。細節的妥協，遷就，亦在所難免。

21. 臺大校長遴選之回顧與前瞻

　　1991年6月，孫震校長9年任期只餘一年屆滿。孫校長入閣的消息又時有傳聞，若不於此時展開校長民選的工作，恐將延誤大事。但，大學法一讀後即被擱置在立法院中，能否通過的命運未卜。要想推動，欠缺法律基礎，只有靠幾年來已漸成氣候的民主意識和民氣可用。所幸，頗孚眾望的李鎮源院士一向關心臺大發展，對臺大校長的異動更是關切，願意借重其聲望，先行凝聚臺大內部力量，並號召海內外校友支持。

　　時間已相當急迫，雖在暑假期間，我們還是密集的召集各院熟識的同仁，開了三次內部會議，形成以下共識：臺大校長關係臺大前途甚鉅，其學術地位，教育理念，行政能力都該列為重要條件。選任辦法應以立法院已審查完成的大學法一讀草案為原則，由民主方式產生，並交由全校教師複決，不再接受教育部的指派。

　　如此的共識，只在少數人中形成，必須獲得全校多數同仁的支持，才是推動的力量，也是民主的基石。因此，自7月中旬開始，由32位教授做發起人，發表「臺大校長應由校內遴選委員會產生」聲明，迅即獲得校內六百多位教授連署。再以之為基礎，由35位校務代表，提出於10月17日召開之81學年度第1學期第1次校務會議，要求成立專案小組，進行遴選校長事宜。

　　校務會議原則上接受提案，但決議先成立工作小組，參考連署意見，以擬訂遴選辦法及遴選委員會的產生方式。爾後，在第二次會議中，通過「臺灣大學校長人選推舉委員會組織章程」，據以成立「臺大校長推舉委員會」，由現任校長及各院代表15人組成並立即展開遴選作業。

III 實踐之路——臺大鏡社

「臺大校長人選推舉委員會」在 5 個月內，密集召開 18 次會議，更在各院舉辦師生座談會，出席候選人茶會，加上各種準備作業，真可謂宵衣旰食，備極辛勞。尤其在第一階段之前，對資料的搜集，背景的考核，標準的建立等事務上都十分用心。只可惜在最後的投票上，流於意氣，以致功虧一簣，所有的苦勞也都付諸流水。

如今平心檢討，當初臺大設計的遴選辦法其實已經兼顧實質的遴選，以及民主的普及。推委會謹慎的從 19 位候選人，先擇出 10 人做進一步的考慮，這其中有人退出（黃崑巖教授自忖不敵行政系統，堅持退出，我還曾致電請求其參與至最後，然未獲應允），有人去世（張昭鼎教授），慢慢縮小了選擇範圍。短兵相接，其困難度自然也相對提高。此時，因競爭激烈，乃紛紛突顯了個人立場與本位利益，而激發了推委會內部的衝突，再參雜來自外界緊張的壓力和種種非理性的流言，終也造成推委會的失控。

若非最後的失策，推委會始終維持最高水準，挑選出三至五位無瑕可擊的人選，再交由校務會議，給予最高的民意基礎。則任憑誰當選，豈不都是兩全其美，不但為臺大，也為臺灣高教奠下最完美的典範。

三、雖不完美，仍有可觀

且不論臺大推委會是如何馬失前蹄，寫下的是不完美的句點，但至少臺大此次獨領風騷，有幾項創舉，值得記錄：

（一）臺大堅拒出席教育部的遴委會，並由校務會議決議。遴選辦法排拒了大學法草案的規定，全由校內教授組成，雖不免有流於門戶之譏，但對大學自主權的爭取，有絕對正面的意義。

（二）首度為大學校長訂定資格標準：學術成就、國際聲望、教育理念、行政能力及具有國籍都是必要條件，固不足論。表明不得參與黨政職務，則是對校長功能重新定位，斬斷過去黨政控制的根苗，矯正學官合一的歪風。對學術專業化的導向是最受肯定的宣示。此後各大學遴選校長標準，幾乎都不出此範圍，其影響不可謂不大。

（三）遴選辦法採極寬鬆的推薦方式，並在海內外報紙刊登求才廣告，展現了開放門戶，杜絕後門援引的胸襟。真正適當又有意願的人選，其實極易被網羅在內。推委會不主動推薦，主要是為了對其他候選人保持公平，否則難獲信服。至於本身並無意願，如李遠哲院長（李鎮源院士與我曾兩次拜訪敦請其參與遴選，為臺大樹立典範），實在也強求不得。太過矜持於士大夫身段者，恐怕又缺乏未來擔當重任的肩膀。然而，面對校內民主要求的熱情，卻又為了保護當事人的隱私權益，凡事要求秘密進行，則似乎又有違民主精神，不禁就又陷進了權威的窠臼。

四、該有的檢討

當然，臺大的推選最後是不被讚許的，這其中的錯誤，我們必須坦誠承認，且不諱言檢討，才能提供為再次遴選的參考。

III 實踐之路——臺大鏡社

（一）遴選委員的產生過程太過粗糙，甚且有學院以通訊選舉方式，又落入崇尚權威的舊習。15 人中，有 7 人為現任行政主管，毫不避諱，連輿論都立即質疑其適當性，且醫、工學院院長旋即參與遴選，又必須遞補。像如此，即使用選舉方式，尚且難以避免權威的操控，連推委會的召集人，也都在哄舉下，由文學院長黃啟方出任。

（二）捨棄全校複決的原則，改由校務代表票決，使絕大多數師生失卻參與機會與熱情。當然的行政代表居半數的校務會議，利於行政系統的運作，及利益的交換，使校外人士或未曾擔任行政工作者，幾乎沒有入選的可能。此所以有人見機不妙及早退出。而當五位候選人名單揭曉，我們即已能預測前兩位人選不過為幌子，誰最能操縱校務會議，誰就能勝出！

（三）推委會的職務功能定位不明：明著以全權機構自許，連普遍被大家要求的書面理念陳述，都為了保護當事人不過度曝光，而成了作文比賽，毫無意義。時而又自貶為事務機關，當選風惡劣，流言四起時，連出面制止或澄清的勇氣都缺乏，更未建立責任制度，實質上對校務會議負責。最後的報告，不過淪為替特定人選書寫頌辭（甚且傳聞，在推委會對外正式公布推薦書的前晚，最後的當選人在徵得召集人及主任秘書的同意下，連夜全數更換其自行撰寫的推薦書）。除程序時間表外，一切客觀評價，或審查標準都未向校務會議報告。校務代表在投票選擇時，除了當事人的書面報告及在茶會中表達的理念外，並無其他資料可供參考。事實上，校務代表參與座談會的，為數極少，茶會更淪為各院動員實力的展現，應與推委會至後期

未能更積極負責有關。

（四）客觀標準仍難建立，尤其是學術成就，黨政關係與人格特質等等都只憑藉平日之模糊印象，最後仍然委諸隨意心證。而每當不同領域都要以相同標準類比時，便很難逃脫個人的本位，好惡和利害。一向自詡為高級知識份子的臺大教授，竟掩藏不了人性中醜惡的一面。在最後投票階段，即使歷經幾個月的審查，最後都簡單化，轉成固有的定見。法學院委員朱敬一，後來貴為中研院院士，政府要員，事後懊惱萬分地坦承他錯投了一張票，只為了拉平他非常討厭的某人的得票數，故意投給他認為不可能當選的人，結果讓他擠上榜單，一路操作下，最終雀屏中選。以一個統計專家，如此精巧算計之下，竟人算不如天算，造成超乎他意外的結果。儘管事後搥胸頓足，追悔不已，卻已因此改變了臺大的命運，也為整個遴選過程寫下最大的遺憾。只是至今我都還參不透，他持的是什麼樣的邏輯？

至於在遴選後期，因各有堅持，對內拍桌相向，言辭暴烈，對外發表言論，公開辭職相脅，乃至各種荒誕不經的局面，令人不忍回顧。譬如，如果有人強調某教授，對臺灣民主有貢獻，必有反對他的人，反唇相譏，他又沒坐過牢，算得了什麼貢獻？……而最最讓人痛心疾首的則是，有委員在推舉會中，也有教授在公聽會上，公然的大聲疾呼，臺大要有一個臺灣籍的校長。最後，果然讓這批人的運作成功，臺灣的省籍魔咒連高等學府都逃避不了。

推舉會希望不要有競選活動的勸告，有候選人嗤之以鼻。

把這個重視聲望、品格、能力的校長遴選，當成了社會上烏煙瘴氣的民意代表選舉。以至於黑函、傳單、禮物四處飛揚。更有流言傳開：以學院院長身分參選的候選人，達成協議集體換票（然而一方背信只投票給自己，乃能因此衝高票數）、用行政資源（譬如景福門診的特權）拉攏校務會議代表事後，有遴選委員出任教務長等等。雖有些未經證實，但言之鑿鑿，只是沒有權力機關可以處理而已！這樣的氛圍，已再難容絲毫理性的對話。如此的學術高層，更戳破了清流的神話，學界尊嚴被自我作賤到無以復加。

從規劃、推動、提案草擬辦法乃至到最後參與推舉委員會，我深入其境全力以赴，結果不如理想，我自難辭其咎，接受關心的人指責，亦所當然。並非要為自己開脫，只是眾人之事，既標榜民主運作，容納多元意見，乃屬必要。尤其，在創新制度的轉捩點上，幾經妥協折衝，早非原來的構想。譬如以「推舉」委員會取代「遴選」，便有向教育部權威讓步的強烈意味。但另一方面，慢慢推展開來，也難謂全無半點開明的作為。得失之間，很難以一時來衡量；是非成敗也更要留待歷史來評價。只是如不能從中學取經驗，那麼曾經付出的代價，就一切付之東流矣！

五、未來的期許

總體而言，臺大為開創新局所做的努力是值得肯定的！所建立的制度，亦並非一無可取。基本問題還在於「人」如何去

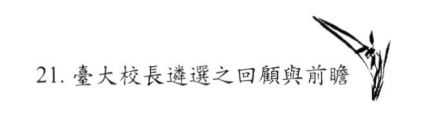

詮釋運用該項制度。即使大學法的適用亦復如是。因此，不管用什麼方式遴選，遴選委員的出任，其實居關鍵地位，臺大再次遴選校長，至少應注意：

（一）遴選委員應更具民意基礎，由全校專任教師中產生。不過，其先決條件，乃是同仁都能關心校務發展，客觀公正的選出最恰當的人選，而非盲目崇拜權威，或冷淡待之，任由他人去操控。至於院長與行政體系瓜葛極深之人士，尤應主動迴避參選。

（二）出任遴選委員會委員應該矜持自許，超越本位、私利，以全校大局為考量基準，更不該意氣用事，介入外界的流派爭議。而事後出任重要職務，實有損遴委會清譽，難避瓜田李下之嫌，不妨事前明文禁止。至於與候選人有極親近之利害關係者，似也應迴避為佳。

（三）遴委會應對全校負責，除涉及個人隱私外，評量標準，取決過程至少應向校務會議常務會務委員會報告，亦可藉之督促遴委會更為用心謹慎，以期公正無私。

（四）依新大學法須有校外人士出任委員，定要擇聘確實關心臺大，與臺大甚有淵源，也了解臺大背景及未來發展之人士。如僅憑虛名或過分忙碌不可能實際參與者，只不過徒佔缺額，扮演背書角色而已。如校外人士能以宏觀，超然角度為臺大，則當更有助於遴選事務的完美。只要遴選能不負眾託，寧缺勿濫，挑選出真正適任的人選，再交付給全體複決，相信必能維持遴選的品質，民主之精神亦能兼顧，未來校長治校辦學當更能排除不當的外來壓力，完全以學術為最高指標。

III 實踐之路——臺大鏡社

校長的選舉，除了各校已爭取到向所未有的自主權外，教育部與大學間的權限，區隔卻並未明朗。教育部自不甘從此撤除對大學校長的主控權，但在民意高漲的此刻，各校亦不容許教育部的高壓干預，因此時生齟齬。政大、中興、藝術學院的校長選任，都曾發生紛爭。

在改制初期，權責仍混淆不清，經過彼此的調整適應，或許可尋到最恰當的平衡點。不過，就在這兩三年的轉變中，已可發現大學法在當初經過強力奮鬥所爭取來的校長二階段遴選辦法，其實已經不符現實的需求，應該再行修改。既然，教育部事實上並不能全然改變各校的抉擇，已無必要再行組織遴選委員會，徒生滋擾。教育部只要謹守憲法所賦予的監督權，為所當為，便是十分得體地捍衛其權威的作為了。

不只大學法又面臨應再行修改的局面，教育人員任用條例中，對大學校長必具行政經驗的硬性規定，在臺大遴選過程中亦曾有過爭議。在臺大的辦法中，只要求有行政能力，而未必是任職於官方系統行政機關的經驗。如果說在舊時代的行政經歷都不可取，固然過於武斷，有無限上綱之嫌，但我們必須面對，學術界確有不為官僚所喜，亦不願屈身於行政系統的清流。再受僵化的規定所侷限，而不重視其實質的能力，則必有遺珠之憾！

臺大現任校長在舊大學法時代，即以民選方式產生，應該是最具民主意義的典範。大學法修正後各校據之修訂組織規程，也應是民主的具體實踐。臺大組織規程在陳校長主持的整理委員會下，將校長任期維持原修訂小組的六年外，還添加「陳維

昭條款」，不必再行同意，即可續任三年。

　　此項條文究能否為校務會議所接受，我因負笈海外，不得而知。果真如此，則真是由組織規程整理委員會及校務會議的代表們陷陳校長不義，讓臺灣的首位民選校長沾上了污點。

　　臺大校務會議這兩三年來，一直為臺灣的高等教育開創歷史。校長民選、軍護選修、軍訓室隸屬於共同教育委員會之下等決議，影響所及，不可忽視。相信「陳維昭條款」必不會為校務會議所接受。如校長任期能恢復為 3 年，3 年任滿，必須接受評鑑，及經全校行使續任與否的同意權，而後得連任至 6 年，才能使校長連任的規定，合乎正當程序，並呼應公義精神。

　　尤其，臺大在擬訂遴選辦法當時，曾保留同意權行使之第 12 條。若組織規程已告確定，甚或尚未最後通過，則在校長任滿 2 年時，即該積極進行評鑑及同意權行使的工作，如萬一未獲同意續任，亦可有充裕的時間進行下任校長的遴選，這是臺大所有同仁不得不予關注的大事。

III 實踐之路——臺大鏡社

22. 該是進行校長評鑑的時候了

在現代這麼一個多元化的社會裡，每個人都有其獨特的個性和專業能力。就一個職務而言，某人是否適合及能否勝任，和他的特質及專業能力有密切的關係。所以，透過評鑑制度來尋找最恰當的人在最適當的位子上，可以使人和職務能夠相得益彰。在學術的領域裡，學生有考試來鑑定；教師有評鑑辦法；校長是否適任，當然也該有所評鑑。這種評鑑完全無關人格價值的臧否，只不過是否適任的認定而已，應以平常心待之。

校長由官派的時候，相信官方自有他們的選擇標準，只是也許不符合學術界的要求，也從來沒有對外公布過客觀的基準，因此往往成為酬庸或政治的工具，對學術發展很是不利，更是受人詬病。

現在的大學校長大都由民選產生，無論是由代表選舉，或採普選方式，都應該建立客觀的基準，才能選出最適任的校長。尤其是已經在任的校長，能否續任，更應依照此項標準來驗證任內的表現，並評估未來的潛力，方能以公平理性的態度，為校擇才。

一、臺大該甚麼時候辦理長評鑑？

臺大第一任民選校長是在 1993 年 7 月上任的，目前正是第 3 年任上。 依照新修訂的臺大組織規程，校長任期 4 年，連選

得連任。現任的校長能否續任須要在任滿前 10 個月作成決議。如此算來，評鑑工作至遲要在這之前半年開始啟動。如果評鑑結果令人滿意，遴選新校長的工作就不必開始。否則，便得積極確定進行下任校長的遴選工作。確切的說，現任校長的評鑑工作，下學期一開始就該開始積極辦理了。

二、評鑑標準為何？

臺灣從來沒有做過大學校長的評鑑工作，因此也無先例可循。倒是「大學教育改革促進會」曾經在 1991 年替孫震校長做過評鑑。後來，臺大遴選校長，遴選委員會也為校長條件訂定下了一些客觀標準。大致上，對大學校長的評鑑，要從下面幾個方向著手：

（一）教育理念與理想

1. 對大學教育目標之理解
2. 對本校辦學歷史、理想與方向之掌握；包括均衡與特色發展
3. 對教授尊重程度（包括對教授治校理念之尊重）
4. 對學生組織與行為之理念與處理方式（包括學生社團經費的分配）

（二）學術自由之尊重及維護（包括講學、出版、宣揚學術理念、對大學學術品質提昇之努力及獨立性等）

（三）行政能力

1. 人事安排
2. 校務規劃
3. 校產處置
4. 校園規劃與校地使用
5. 經費籌措與校地使用
6. 公共關係
7. 對學校狀況通盤之了解
8. 協商與糾紛處理能力
9. 行政過程民主化
10. 授權之適當性

（四）個人特質（包括企圖心、親和力、領導風格及敬業精神）

（五）實踐與實際貢獻

1. 制度建立
2. 學術提倡
3. 教育改進
4. 硬體建設
5. 公共形象
6. 社會服務
7. 歷史任務

除了上述這些標準外，還有幾件事要特別列為評估現任校長的指標。那就是：1. 校長在關鍵性事件中所持的態度和作為，

例如，在大學法修訂時的立場；共同課程以及軍護課改選修過程中的態度；在修訂組織規程的運作等。2. 對外形象和能力的展現，如和教育部交涉、在校長會議中的表現等。3. 校園重大事件的處理能力，例如，哲學系、醫學院院長選舉風波及紅包案、呂安妮事件等。4. 主持會議的能力，尤其是校務會議。5. 用人的能力，如副校長、三長及其他重要行政主管成績的良窳，應一併由校長承擔。

校長既是民選產生的，那麼，競選時的政見和承諾，更是檢視的最起碼標準。

三、評鑑辦法

校長的續任，依照組織規程是由校務會議議決，固然應由校務會議辦理評鑑。但是，僅由校長提出書面校務績效報告，以為評鑑基準，是遠遠不足的。校長關係一所大學的發展，還影響國家學術走向，更涉及兩萬多師生的前途，豈可如此輕率為之？校務會議透過自己訂定的組織規程，如此為自己擴權是完全藐視其他師生公意，不符校園倫理的舉措。更何況，組織規程的訂定，未能經由全校師生的公決，甚且，恐怕絕大多數的師生都還不知道有這麼回事哩！

奮力打破官僚體制的箝制，爭取大學校長民選，是臺大對臺灣高等教育所做的貢獻。現在已成為法定規範，所有大學都一致遵行。我們期盼臺大在開創制度之餘，仍能堅持良好的品質，審慎來辦理也是國內第一次的校長評鑑。

所以，我們建議，應該由校務會議發動，組織成超然公正的評鑑委員會，根據一致可以認同的基準，逐項來評估現任校長的績效。同時要擴大參與，讓全校師生都有表達意見的機會，再作為校務代表行使同意權的標準。

校長的校務措施或是風格特質，本就是件見仁見智的評價，所以我們不同意將一切行為都予以量化。我們也不認為採用問卷是可行的方法，一則，問卷的設計，稍一不慎，就會落入偏差的陷阱。二則，問卷的代表性也容易被操控。我們希望以具體的事實來呈現，經論述後，自然能評價出校長的適任與否。而這期間，校長和行政單位的報告，當然是極具重要性的參考資料。

23. 積極推動臺大各系所定期評鑑

在當前的大學教育自主改革聲中，定期的系所評鑑是較被忽視的一環。雖然教育部高教司在 1975 年已主辦過一次「系所評鑑」，但是教育部的評鑑有幾項限制：第一，它是由教育部選取若干系所加以評鑑；第二，評鑑內容是由教育部事先統一編列，並未考慮到學校特有的問題；第三，評鑑方式是先由各校自我評鑑，再由教育部組織之評鑑小組至各校實地訪視一天，未能較深入與教師、學生接觸，了解真正問題所在。

紮實的系所評鑑是自我負責的具體表現。特別是現在教育部已經開放國立大學設置校務基金，並要求自籌部分經費，各校勢必勇於嘗試拓增財源的方法。此時良好的系所評鑑乃成為廣泛增加捐款，與維持教育水準之間必要的一道平衡機制。因此，我們認為大學應主動進行定期的系所評鑑，不應被動地等待教育的「抽檢」。臺大如果想維繫學術龍頭的地位，克服教師「終生錄用」所可能帶來的惰性，除了積極推動「教師個人評鑑」外，更應該積極訂下全校全系、所、中心、科之評鑑時間表，比如各單位每 3 年評估一次。

臺大在 1994 年 8 月之校務會議中，曾暫時凍結院系所的增設。理由是由教育部之大學評鑑中，顯現「臺大的新增系所與長期發展目標不符合」。其實，臺大的問題不只在新設系所，已有的系所也有可能在某段時間內出現走向偏差的問題。因此，定期系所評鑑的主要目標在於評估該系所在過去幾年的表

現是否朝向學術卓越的大路邁進？還是遠落後於其他國內相關系所？其具體評估內容可以涵蓋：新聘師資陣容是否適當、各單位內的行政運作是否順暢、各教師的教學、研究現況與疑難，以及學生之反應等等。一言以蔽之，臺大的各系所評鑑應該以提升臺大學術地位至國際學術水準為依歸，而不能自我侷限於滿足教育部的要求而已！

要達成上述目標的系所評鑑，當然不可能由某一小組，在一天視察後即告完成。我們建議由院方出面籌組評鑑小組，小組成員由非受評系所之教授專家組成，並且應包含一定比例的校外人士。在讀完受評系所所準備之書面資料後，評鑑小組應有機會與個別教師、學生會談，多面探訪可能發生的問題。評鑑小組最後可以針對該系所未來走向、各個教師之研究領域、學生之教育內容提出建議。

國際知名一流學府，如哈佛、約翰霍普金斯、耶魯大學等，均早已實行定期的系所評鑑。有的系所在評鑑後決定合併、裁撤、擴大，甚至被迫進行必要的改革，以維持大學的日新月異以求進步。在臺大極速膨脹，正規劃第二校區時，校方行政單位應盡早推動全面且定期性的系所評鑑，以長久保持臺大的教育與學術卓越水準。

24. 審慎修訂組織規程，為臺灣高等教育負責

陳維昭校長主導行政單位所擬訂的「臺大組織規程」草案一經披露，就引起了校內輿論一片大譁。

在大學法明確還給大學自治權，校園普遍追求開放民主之際，由我們歷經艱辛所奮鬥得來的臺灣第一位民選校長，竟對影響臺大至深且鉅的憲章大法，逆天行事。只為迎合頑強的既得利益，及其權位的鞏固，不惜訂出如此違法荒誕的條款，陷臺大於不義。不但有負當初競選時，建臺大為第一流大學的承諾，更彰顯其私心為用，難令全校師生不痛心疾首！

行政版組織規程最不可思議者，為大學法明訂軍訓室僅負責課程之規劃與教學，整理委員會竟稱係採用秘書謝繼芳一人之建議，另賦予軍事訓練及服務之任務。偷天換日，擴張軍事權在臺大的作用，令人髮指。

其次，大學法為落實自治原則，以校務會議為最高決策機關。然而，既有的校務會議，組織過於龐大，議事效率低落，與行政會議職權劃分不明，根本無力擔負起最高決策的責任。行政版不積極努力去改造校務會議的體質，竟變本加厲更形削減其功能，刪除各種常設委員會，坐令行政體系獨大。校長欲操控校務會議之私心，經此披露，乃世人皆知也！

最令人哭笑不得的是，組織規程既是臺大憲法，必使之可

III 實踐之路──臺大鏡社

遠可大,豈有為一人立法之理!校長版草案將校長任期改為6年,本是有待公議之處,現更為陳校長能穩坐6年寶座,竟立下唯有對其一人適用之條款。即在大學法施行前,即已任職之校長(空前絕後,即陳維昭一人是也!)在大學法任期三年屆滿時,直接由教育部續聘其為校長至屆滿6年為止。這種條款與當年毛澤東在中共憲法中指定其接班人的手法,更尤勝之。校長版組織規程不只實質上多處違法濫權,校長在主導整件事的程序上,亦有不可原諒的違失。

既有校務會議決議成立研修小組,校長置之不顧在先,復又濫權交由行政會議去運作,終於有如此荒腔走板內容的草案提出,實已在預料之中。固然,草案須經校務會議審議,但以如此繁雜的法規,僅交由一至兩次的全體大會審議,連立法院尚有各專業委員會把關的程序都不如。

事實上10月8日的校務會議即再提由校務會組審議小組的提案,亦被技術性擱置。陳校長有意規避審查,企圖包裹表決的居心,昭然若揭!

面對如此的惡意,我們只有再三呼籲,組織規程是臺大建制上最重要的大事,絕對不可草率任由行政體系操控。不但校務會議應慎重的組成專案小組逐條審查,更該由全校師生共同參與意見,公決定案。茲事體大,全校師生切勿掉以輕心!

25. 釐清行政權責才能建立互信

長期以來，臺大內部，有很大部分教授對於行政部門，抱持著疏離與不信任的態度，主要原因在於過去校長及行政主管都由官方指派，教授即使表達意見也不受重視。

陳維昭校長以第一任民選校長的身分主持會議，教授與行政部門的疏離，甚且對立的情況理應有所改善。然而，從本學期校務會議的情形看來，混亂、失序、無效率依舊。校務會議討論臺大組織規程時，校務代表之間往往爭辯不休，每次會議只能通過兩條條文，效率極低。其中固然有因理念不同的教授互不相讓，而部分教授對陳校長及行政主管的不信任，仍是主要原因。

此種不信任感若未能做適當處理，在校園自主的大趨勢下，將使得臺大原本低落的行政效率更加惡化，嚴重影響師生研究與教學的品質。此種現象當然不能完全歸咎於陳校長與行政主管，然而做為學校的領導者，校長有責任盡最大的努力，釐清行政體系的權責，來建立校園的互信。在此提出兩項建議：

一、行政部門應重視行政「效率」，而非「權力」

本學期校務會議之所以充滿不信任感，主要原因在於行政主管強力介入組織規程之擬訂工作。在原先之研修小組提出草案後，行政會議又另行組成「整理委員會」，大幅修改原草案

III 實踐之路——臺大鏡社

之精神與條文,同時又否定在校務會議之下成立整理委員會之提議。

大學校園,雖由教、學與行政部門構成並互為主體,但,行政部門究屬輔助、支援單位,其最重要之責任,應是保持行政作業的順暢,讓教學與研究工作能順利進行,並配合環境變遷的需要,提高行政效率,而非與校務會議爭奪權力。

目前的行政部門仍有多項工作等待積極進行,例如,制定「長程校務發展白皮書」、檢討各單位資源分配與年度概算的合理性、快速興建校園新建房舍、管理與行政電腦化等。行政部門應將努力重點放在推行這些事務上面。

以各單位資源分配與年度概算的合理性為例,校方原先向校務規劃委員會提出的 1996 年度總預算為 68 億 6 仟 8 佰萬元。其中研究、教學、行政等經常性支出就占了約 66 億 6 千 3 百萬元,只剩下約 2 億零 5 百萬可用來做新建房屋建築、整修建築、家具設備、資訊設備等。而,每年 66 億的經常性支出是否合理?各院間的資源分配是否妥當?教育部核定的預算金額是否合理?校方都有審慎評估與進行檢討的必要。

上述反應的只是學校資源分配效率的問題,其他像新建校舍進度嚴重落後,施工品質不良,白皮書內容不夠周延等,都是行政部門本份的工作,行政部門若能將行政效率作為施政重點,必能減少與教授間之衝突。

二、校長應尊重教授對行政主管選任之同意權

重要之行政主管若能經校務會議同意任命,可增強教授與

25. 釐清行政權責才能建立互信

行政部門間之互信,有利校務之推動,此項道理至為明顯。因此,研修小組所提出之草案第 39 條規定:「副校長、教務長、學生事務長、總務長由校長自本大學專任教授中提名,經校務會議無記名投票同意後,由校長聘兼之」。不料卻被行政會議推翻,固可使校長在行使職權時更為「方便」,卻可能因此帶來教授之反彈及不信任,使未來校務之推動變得「更沒有效率」。

沒有效率的校務會議,已經使很多教授對行政部門產生疏離感,相信校長也不樂意見到這種情況繼續惡化。唯有校長及行政主管主動釐清行政權責,謹守行政本份,才能加速改善這種現象,建立校園互信,有利校務之推動。

26. 釐清校園內立法權與行政權之糾葛

在大學的王國裡，誰是最高的決策者，不但關係著大學發展方向，教學研究品質等等一切大學的事務，也影響校園內權位的消長，利益的分配。無庸置疑地，這當然是大學組織中最關鍵的課題。

過去，大學事務實際上是掌握在教育部等國家機器手中，校務會議不過徒具形式，校長則多空享盛名，等待入閣。學校一般事務的處理，談不上什麼規格或制度。

現在，大學法不但授予大學自治權，並明訂校務會議為最高決策機關。然而，大學法公布生效已近 1 年，卻無任何人，包括教育部，認真的當一回事，以至這一年來校務會議的決議不是被毀跡，就是被扭曲，甚至根本不理會。事實上，操控決策大權的仍是以行政為主體的行政會議。

一、行政會議權力忒大

以最近的幾個案子為例，校務會議已通過了課程委員會的組織結構，教務長卻以行政會議決議，要求加入總教官、學務長及夜間部主任（1867 次，1994 年 4 月 26 日）。校務會議通過組成組織規程的研修小組，校長卻不予理會，而後快速交由

行政會議，組成行政人員的整理委員會（1875 次，1994 年 6 月 21 日）。又如，臺大在 1988 年就經校會決議，本校專任教師只得借調擔任政府機關或公立學校專任職務，可是 1885 次行政會議（1994 年 9 月 6 日）卻擅行將其放寬至依法登記的學術或醫療機構。

類此任意推翻校務會議決議的事，真是不勝枚舉。許多校務會議決議又大都交由行政機關研擬。譬如出版社，性歧視防治小組等的成立，都可以再經行政會議，一拖經年，甚且毫無下文。而行政會議權力之大，可以決定是否加開校務會議、校務會議成員比例、審核各院系的組織章程、評審辦法，乃至於校園基金的設立、董事的聘請等等。究竟什麼事該送校務會議，什麼事可由行政會議決定？既缺乏明確的規定，也無任何單位可予監督。長期來，行政會議就是校長領導下的太上部會。

二、行政會議究竟哪些成員組成？

包括校長以下的三長，各院院長、各中心主管，以及會計會、人事室、秘書室、圖書館的主管和總教官。除了院長現在是由民主方式產生外，其餘一概都是由校長或政府任命的行政人員。院長的流轉性高，對行政會議的事務似乎並未能全盤掌握，也可能不是那麼關心，代理出席的情況便很普遍。

現任校長在擔任醫學院院長期間，就有由總教官代理的記錄（1783 次，1992 年 6 月 9 日，見附件）。按理，院長出席行政會議應是報告院內事務，並做全校性的諮商討論。自己不出

席,代理人總要實際參與院務,至少是熟悉院務者,竟由不相干的總教官代理,這種輕率不負責的態度,令人匪夷所思。由此亦可知,行政會議的決策大權事實上早已淪陷在行政官僚手中,而教官在校園中竟可以成了最高的決策者。

三、校務會議形同虛設

校務會議一學期召開兩次,人數超過 200 人,議事環境與品質都極為不堪。沒有追蹤管道,又缺乏監督體系,校務會議早就形同虛設,行政單位因而為所欲為。縱使大學法明文規定校務會議是學校最高決策機關,又能奈何?

要落實大學自治精神,使校務會議能成為最高決策機關,惟有從結構上著手:

一、縮小校務會議的編制,例如,系所主管既已參加了其他業務會議,便不必為當然代表,但可競選為互選代表。如是便可精簡一半人數,利於會議進行得明快順暢,代議功能大增,效率自然提高。

二、校務代表應保留部分名額由全校普選產生(等同不分區代表),以避免過度的本位主義,並建立出全校整體性的共識。

三、代表任期應加延長,並採新舊交替的方式,以使議事能夠持續,不致全然陌生。

四、設立常務委員會,在不開會期間,監督決議執行情況。另設各種委員會,勤於參與校務,並對校務會議負責。

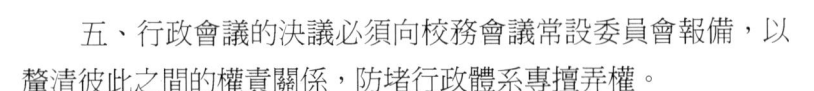

五、行政會議的決議必須向校務會議常設委員會報備,以釐清彼此之間的權責關係,防堵行政體系專擅弄權。

　　六、應建立複決制度,校務會議果真能成為大學的最高決策機關之後,校務代表責任重大,須對其在會中言論負責,因此,全校師生不但要理性,審慎選擇校務代表,校內師生對校務會議重大決議不同意時,應在一定條件下,進行複決。

　　至於校務會議程序的安排,紀錄的確認等等技術性細節,過去都在無法無天中任由秘書室操控。校務代表如不甘自廢武功,不願意淪為中華民國的國民大會及立法院,以臺大人的才智,豈有解決不了的,唯看是否願為臺大奉獻,有心建設臺大為一流大學罷了!

27. 校務會議曲解民主真義，臺大精神危矣！殆矣！

　　最近一期的《遠見雜誌》，以臺大幫為封面，對臺大各方面的發展，及對社會的貢獻頗有微詞。姑不論其就貢獻之定義是否公允，然而，11月26日的校務會議，無論校長或與會代表們的反民主表現，都為該篇報導，提供了最實證的說明。

　　11月26日的臨時校會，主要即為討論關係臺大未來發展，及落實新大學法宗旨的組織規程的修訂，其重要性不言可喻。而且，由於校長屢違校務會議決議，不顧校務會議代表審慎審查草案的籲求，逕交行政會議處理，完全逾越權限。而行政版之組織規程又多處有違大學自治、校園民主之精神。校務會議代表為維護最高決策機關之尊嚴，理當有義正辭嚴的捍衛才是！

　　然而，奇怪的是，除了極少數代表就程序委員會擅將上次校務會議所提，另組「研修小組」的議案，認無必要，予以取消。提出程序上的質疑時，竟充斥著認為校務會議非立法機關，行政應享有大額權力的護航聲音。而校長自稱出身醫生，不諳議事規則，卻再三以強力的裁決權，喝斥發言代表。並在議事專家（三研所博士生劉有恆）的指導下，對各種發言，均不予處理，逕行裁決進行由校長所提出議案的討論。如此專擅的議事技巧，與會代表均如痴如醉，毫無異聲。

27. 校務會議曲解民主真義，臺大精神危矣！殆矣！

　　大學法賦予大學有自治權，而落實自治權，唯有以民主方式貫徹之。說穿了，民主理念行之於政府體制，不過制衡的道理而已。大學法又明定校長綜理校務，校務會議是校務最高決策機關。以政府組織形態比擬，正是一為行政，一為立法，兩相對峙。立法決策，依法行政，實在是最簡單不過的民權初步，透過如是運作，大學自治方能實踐，學術自由方可期待。

　　臺大開創臺灣教育史，首先突破箝制，推出民選校長。孰料以民主制度產生的校長，竟企圖推翻民主基本精神。不但制定「陳維昭條款」以確保其六年任期，免受校園民意檢驗；還進而要凌駕校務會議為最高決策機關的地位，校務代表終將淪為其橡皮圖章。此種策略美其名曰「秩序」、「安定」和「效率」。其實，已近於法西斯思想的復辟。臺大一向標舉自由大纛，民選校長卻有如此行徑，寧不諷刺！？

　　李鴻禧教授在校會中說得好，行政沒有不自以為是的。再完美的行政也要建立監督體制，民主政治於焉誕生！校園是一個具體而微的現代社會，推行民主是一條無悔的道路，臺大尤其肩負引領潮流的重責大任。校務會議是否要自絕於民主歷程，自甘作為獨裁者的幫凶，就看校務代表如何善自珍攝了！

28. 本校組織規程的制訂始末

一、修法依據

大學法在今年（1994年）1月5日經總統明令公布，1月8日開始全面生效。各大學在新大學法生效後，最迫切的工作，乃是依照大學法第8條的規定：「各大學應依據本法，擬訂組織規程」，使大學能依新大學法的精神運作。

然而，臺大的組織規程，迄今距新大學法施行已歷時十個月了，卻連初稿都還未曾送校務會議審議。蹉跎之下，臺大何時能完成校內憲法，徹底改革校務，仍屬未定之天。

臺大之所以會如此拖延訂法工作，主要是因為，教育部曾於1月17日以臺（83）高字第002747號來函，要求各大學須在教育部擬訂的施行細則公布之後，

再依據施行細則修訂組織規程，但教育部的施行細則卻遲至8月26日始行公布。

因此，各大學未能正視大學法的明文規定，只能依循舊例，屈從於教育部的一紙手令，延遲了校內組織的重整，固是主因。但，組織規程須經教育部核定後，始能實施，也正是教育部仍能箝制大學命脈的關鍵。此項規定和大學法第一條所謂「大學在法律範圍內有自治權」的精神並不相符。大學法固然本身未臻健全，但依理，教育部亦只能就不合法部分予以駁回。依大學法制定之組織規程，教育部若不予核定，即已逾母法所授權

限了。

　　退一步言，縱使大學習慣於聽命教育部，必須待教育部施行細則公布之後，才敢修訂各校組織規程，但內部作業其實可以先行完成。臺大也不是不無準備，何以拖延至今尚未初步經過校務會議審議，亦未正式舉辦過一場公聽會，其正式的立法程序，可謂尚未啟動，反而交由行政官僚組成的「組織規程修正意見整理委員會」去操作，其間奧妙只有行政當局才能夠答覆。

二、草擬組織規程的過程

　　臺大組織規程的草擬是所有大學中最早開始的，這要歸功於前任主事者的高瞻遠矚。據悉是由前教務長郭光雄教授所提議，早在 1992 年 1 月即由第 1765 次行政會議通過，成立本校組織規程研修委員會，以配合大學法之修正，並針對本校組織發展及實際需要，進行先期的規劃研修工作。

　　組織規程研修委員會於 1992 年 1 月 17 日即告成立，由前任校長孫震邀請朱炎、羅銅壁、袁頌西、黃伯超、陳俊雄、蘇遠志、張鴻章、廖義男諸位教授，及人事室馬雩主任共同組成。因為所有成員都德高望重、事繁責重，所以在還未正式開會前，即有朱炎、袁頌西及廖義男教授出任官職，離開臺大，而改聘林子儀、尹建中、蔡政文教授遞補。以致遲至 5 月 5 日才能召開第一次會議。會中決議委請林子儀教授負責起草修正議案。經林教授起草完成後，再度於 8 月 24 日，召開第 2 次會議，開

始就草案做大體的討論。此後,研修會議雖緩慢,但還順利而有序的進行著。

或許,因立法院討論中的大學法進度停滯,立法的動向亦十分不明確,導致研修委員會有些意興闌珊。但諸位委員們公私兩忙,難以全心致力於此,卻也是事實。不過,總賴幾位委員始終熱心參與,而使此項工作不致中斷。

1993年7月新校長上任。我個人因長期關注大學改革事務,深知大學自治的精神必須依賴校內的改造方可落實。所以,這兩年積極投入校務會議,推動校長民選及軍護課程選修議案。但是,最根本的法制解決,仍在組織規程的修訂。基於這種認識,乃三番兩次催促新任校長積極推動,而致有7月中旬的改組行動。當時已進行至第12次會議,草案的逐條討論亦已部分完成。此後的半年,共舉行了13次會議,終在1994年2月3日,完成全部討論,並委請林子儀教授做最後的整理。此項草案據說在4月方才送達校長室。

大學法既在1月8日開始生效,組織規程的訂定便有其急迫性。然而,4月23日的校務會議,校長並未主動就組織規程事宜提出報告,也未將草案交予校務會議代表。當時在會議最後,曾有提案要求授權由原研修小組繼續徵詢各院意見,並辦理公聽會,負責說明。此項決議並獲通過。(詳載臺大憲法修修修會議紀錄逐字錄音及文字檔)

但在校方的校務會議記錄上,竟被毀屍滅跡,無影無蹤。

6月2日,校務規劃委員會中,文學院夏長樸教授再度提出要求了解組織規程的進行情況,這才使校規委員會能取得草

28. 本校組織規程的制訂始末

案。然而,在 6 月 11 日的第 2 次校務會議中,校長又避重就輕不提隻字片語。經幾度詢問,校長竟直接否認 4 月的決議,而以原召集人羅銅壁教授拒絕繼續擔綱為由,無從由校務會議進行彙整。即使我們最後要求核實上次會議紀錄,可驗證會議的錄音紀錄,陳校長竟答以:他有最後的決定權!

直到 6 月 21 日又突然改由行政會議通過,成立組織規程修正意見整理委員會,28 位成員包含:各級行政主管(校長、三長、各院院長、主任秘書、人事室主任、會計室主任、夜間部主任、圖書館館長、推廣教育中心主任、電算中心主任、總教官)參加,占了絕大多數的 20 人。各院僅由院長選派一名教授代表(分別為夏長樸、陳益明、吳忠吉、王正一、許博文、王亞男、唐富藏、陳建仁諸位教授,其中值得注意的是:凡是曾參與原組織規程研修委員會的成員,甚至包括組織章程的原起草人,全部被排除在外,而且沒有任何學生代表參加。)縱使如此,此委員會,據聞亦未曾開過會。組織規程的修訂工作延宕迄今。

由於組織規程未能迅速依大學法修訂,以致本學期校務會議代表仍依照舊的組織規程選出。嚴格地說,這是違法的。而,新大學法通過後,課程並未有新的規劃,學生輔導工作並未有所調整,軍護課雖由校務會議改為選修,但選課說明上卻要初入黌宮的大一新生,自負因政策不確定所可能產生的責任。

教育部在自行延宕了 8 個多月才訂出施行細則後,竟要求各大學必須在明年 1 月底前訂定組織規程並報部核定。在短短不到 3 個月的時間,當局又只安排 2 次校務會議,最後是否會以時間緊迫,就以行政人員組成的整理委員會的報告為版本而

III 實踐之路──臺大鏡社

做包裹表決？這是不得不令人驚懼的！組織規程是臺大憲法，若以如此倉促、草率的方式為之，對臺大可能產生的混亂和危害，恐怕是難以倖免的！

　　附註：鏡社有鑒於校務會議決議的反覆無常，校長專擅獨斷，難昭公信，由張則周教授主持將歷次會議的錄音檔案，逐字譯成文字稿，彙集成「臺大憲法修修修」一書，以為歷史見證。

29. 那一年，我們在臺大所做的事

那一年，1994，正處在一個劇變的年代，眾聲喧譁，步步驚心，卻處處生機，充滿了生命力，要扭轉臺灣成為一個現代化的民主國家。

我們這一群很是執著於理想主義的學者，在臺大，艱困的、史無前例的，辦起了校園報紙。只為了落實好不容易在法制上奮鬥有年的戰績，讓校園民主、學術自由真正的開花結果。

要重現當年教授從事高教改革的全貌，還需話說從頭，那可是場場戰役都戰況慘烈的一場戰事啊。

社會上的民主風潮，幾乎是同步的席捲著大學校園，甚至可以說，校園裡的前衛理想主義才是驅動社會前進的原動力。

八〇年代，蓄積已久的能量，隨著政治勢力的解放，校園中從寂靜無聲，到以言論吶喊、進而結合社會、政治力量，從體制上著手改革的運動方式也漸趨成熟。臺大學生在這一兩年內，經歷了學生代表普選、李文忠退學、然後是杜邦調查和大新停社等事件，都涉及學生和校方特別權力關係的互動，最後學生以到「立法院」請願，訴求大學改革作為總結。

大學教授在校園中向來聲音微弱。在學生事件中，即使被校方委任為仲裁者，也不過是個虛飾的角色，總想以家長老的身分勸服學生不要鬧事而已。當時的大學，從校長以降，大小學術主管率由官派，層層節制，教授只被孤立在小小的研究室中。

III 實踐之路──臺大鏡社

　　在積滿能量，蓄勢待發的氛圍裡，教授要如何恰如其分的發揮社會功能，確是頗費思量。在體制內，謀求秩序的重建，權利義務的正義，應是比較理所當然的選擇。

　　於是，1986年，臺大教授籌組教授聯誼會，揭櫫科系整合、學術交流、校園自主、教授治校的理想。那一年，政治上尚未解嚴，畏懼知識子集結，嚴密監控校園的霸權，仍無所不在。因之，我們首度遭遇了原只存在於傳說及記載中的黨政關懷。只可嘆，手法老套，無論什麼政府執政，對異議者都不脫的威脅利誘、而後滲透奪權的伎倆，如出一轍。幸而，極權統治已是強弩之末，這批「造反」的教授，雖然精神飽受摧殘，但已無牢獄之災，得以保全教職，尚且全身而退。而，臺大教授聯誼會則在紛亂中，原創人集體退出，由執政黨去全面操控。慢慢果真成了以逸樂為目標，後來還涉及變更地目、成了炒做土地的利益團體，最後不知所終。

　　臺大教聯會雖然一無所成，但讓我們認清了權力的真面目。1989年，社會風氣更行開放，捲土重來，便捨棄了單一校園的改革，而以高教體制為目標。配合學生團體早已關注的大學法修正，串連各校教授組成「大學教育改革促進會」，戰場移轉到至立法院。這一戰，耗時7、8年，從草案提出，到立法院的一讀、二讀，無論院會、委員會、甚至協調會，只要有議事，就有學改會成員旁聽監督，或加以關心。在三讀時，各方人馬齊聚立法院前熬夜靜坐，有團體及政客竟唆使民眾衝破玻璃門，擠進議事廳，發生嚴厲衝突，警力大批介入，情勢十分緊張。

　　黨政協商時，與我們一向合作無間的立法委員謝長廷，到

29. 那一年，我們在臺大所做的事

場外來徵詢我的意見。最後以保留軍訓室，換取「大學在法律範圍內有自治權」而告通過生效。那是 1994 年的 1 月 5 日。而這幾年間，還發生了 1989 年大學師生為大學法聯手大遊行，及 1990 年野百合學運等大事件。

以軍訓室的保留，換取大學自治權，真是裡外上下難為人。激進學生認為我向教育部及軍方放了大水，收了好處，做了妥協。在我的電話裡留言指控，幸而，不久這個女學生又留言來道歉。而當我們在 1 月 8 日的臺大校務會議上提案，依大學自治規定，將軍護課改為選修，最後也奮鬥成功後，教育部則譴責我背棄承諾，不守信用。這其間的確用了策略，那是這麼多年的戰鬥磨練出來的戰術。料定軍方只想保留在校園中的勢力，而「自治權」，對他們而言只是空洞的法律用語，不足為懼。而我們卻需要有法源之後，才能推動爾後一連串的校園自治運動。包括將軍護課改為選修，以及推動校長擺脫官僚控制，改由民選產生。

大學校長民選，是教育部絕不可能會讓步，不可能納入大學法的一項。這項議題過於曲高和寡，當時也未形成社會共識。但是，臺大校長，任期將屆，錯過這一任，又將等待另一個世代。我們不能期待大學法的修正，來達成此項目標。校內同仁對此議題的接受度高，在修法之前，先從校內的校務會議著手，應是可行之計。果然，一切按照原定計畫順利的逐步推動。最後也逼使執政當局不得不接受民選的結果。

衝破體制的藩籬，帶領風氣，是此事的成果。

但最大的遺憾，甚且可說是改革者的泣血錐心之痛，則是

III 實踐之路──臺大鏡社

選舉的烏煙瘴氣，選風敗壞，參選者的私心自用、謀權奪位，則讓校長民選制度遭到摧毀。為爾後教育部將此權力回收，再由其掌控決定校長人選，製造了最後的藉口（臺大第二任民選校長，就由教育部挑選排名最末者出任；而原參選者最後竟都先後被聘為副校長）。選風之惡劣，制度之被破壞，可見一斑。

不但，我們想要藉由學術界的自覺和尊嚴的維護，尋覓出直追胡適、蔡元培大師的夢想於焉幻滅，努力多年的高教改革，終是毀於一旦，誰是真正的殺手，大家了然於心。而權謀得益者，繼續坐享高位，接受社會尊崇，參與教育政策的釐訂。臺大，及高等教育都被糟蹋得體無完膚了。

事已致此，我們還想做最後的努力。大學法已公布施行，各校組織規程，亦即校內憲法，必須依大學法自治精神修改。我們深信，法治社會能牽制人性本惡，凡事應加以制度化的本質，如果體制健全，即便再有野心的豎子，也能受到節制。於是，乃有鏡社的誕生，冀望透過明鏡般的資訊，全校的共同參與、監督，修訂出民主化的組織規程。大學改革，以臺大為領頭羊，或許還有一線生機。

事與願違，鏡社三年，終不敵俗世權力；法治匡正不了尚未覺悟的人心，更況操控制定法制的，竟都是這些有權力的人。背棄校務會議決議，由行政主導草率修訂組織規程，將校長任期延長，制訂特別僅適用於自己的條款（我們名之為陳維昭條款），自肥而得蟬連臺大校長一十二載！

我們都是以在臺大任教為終生職志的教書匠，書生報國，唯一的能耐，只有在臺大努力以知識力量帶領臺灣前進。事實

上,臺大自始就享有豐厚資源,聚社會寵愛於一身。當資本主義唯利至上的社會價值侵襲到學術領域時,連在20世紀中期倡導高等教育核心價值,並以之為傲的芝加哥等世界一流大學都為經費所苦,不得不媚俗來調整課程,呼應商業需求,施出渾身解數來招攬優秀學生與師資,以求維持學校的生存。唯獨臺大,即使國家補助削減,經費還是遠遠優渥於其他大學,加上廣大校友的支持,縱使有財務上的壓力,也不足為世俗化的藉口。更何況,臺大從來不須要為師資或好學生的爭取,費絲毫氣力。這等的得天獨厚,乃源於社會的厚愛,臺大本是社會公器,豈能不全心回饋社會的期待?

以如是優厚的條件,臺大當然該以全力守護大學的核心價值和人類文明、對世俗進行反思和批判為己任,以保存、創造和發現知識為使命。眼前的,以陶鑄有健全人格的青年、培養高端人才、秀異份子為目標才是。若只是追逐著市場價值,以進入虛矯的商業排行榜,即以之為是卓越成就而自滿。教導學生的則只是不作弊、不蹺課、不濫停腳踏車等幼稚園水準的基本守則,如此器小,臺大又何能成就其「大」?

我等皆已「老」「慚」,唯熱血猶存,所記述的並非遊記,乃是斑斑血淚的史實。青史不容盡成灰,這些在臺大校史及臺灣教育史上都遺漏的真相,只有由我們將其填補上,讓歷史不再有缺憾。當然,我們更期許臺大能精煉為浴火鳳凰,讓她的學術成就使臺灣人引以為傲,也讓所有臺大人仰俯無愧於天地之間。

IV

私校現場

30. 國立大學漲學費教育就公平了？

臺大校長為爭取漲學費，說出國立學校的學費遠低於私立學校，國家補助太多，對偏遠地區的學生不公平，願將補助費移轉給私立學校，真有如空谷跫音。終於有能參與教育政策的人為 91 萬私大學生主持公道了。然而，高等教育的問題，豈是只有經費而已！

在陳水扁讀書的那個年代，國立學校低學費，解救了許多貧困家庭的難題，讓教育成為階級流動的關鍵，我自己也是這項政策的受惠者。當時社會縱有百般不義，唯有聯考的公平性是最沒有爭議的。十年教改，多元入學後，未必就改善了僵化的教學，學生壓力反因一綱多本而倍增，還讓貧弱地區沒有了翻身的機會。

貧弱地區的子弟，從小就遭受資源不足的差別待遇，更沒有機會補習、學習才藝、參加社團等等有利甄選入學的條件。勉強依聯考成績分發到一所偏遠地區的私立大學，以為離家近，可以省點費用，豈知，更要負擔高昂學費、食宿、交通費用。尤其在中南部，因鄉鎮蕭條，連打工的機會都遠遠不如北部城市。因此，還未畢業，就揹負一身貸款，未來的生涯，還未展開，先淪為卡債奴。

拼命上大學的結果卻是，大學太多，幾乎喪失篩選機制；素質太低，教學困難，即使大學畢業，程度還不如過去的一個高中生。大學之道，已告掩沒。

大學還在教育部及國科會（現科技部）變相鼓勵下（教育部用 SCI，五年五百億為誘餌；國科會補助費則檢據核報，助理到處收集發票、車票，互簽出席費收據，早已是公開的秘密），大量擴充研究所，以爭取經費，並廣結人脈。某些研究所，素質低落到不忍卒睹，白白讓青年繼續延緩成長，在校園中消耗青春。臺灣 30 歲左右的青年，部分還不能對家庭，對社會、對國家負起責任，是國家競爭力重大的斲傷。

大學，本來非義務教育。只是東方人文憑至上，虛矯風氣成習，加上廣開大學後， 政府鼓勵國人謀取學位，幾乎每個人都設定至少唸完大學，學業才算告一段落。

大學，既是自願性、選擇性的教育，照理說，應該由進大學的人自行負擔費用，也就是所謂自由市場，不該讓全體納稅人買單。但是，發展國力，培育人才，是國家政策，國家大力興辦高教，並補助私校，當然無可厚非。但既是全民共同負擔，就一定要顧及公平性，把錢用在最實際的刀口上。

國立大學向來補貼雄厚，卓越計畫就少有私立學校的份，連臺大校長都不得不承認其間的不公不義。國立大學因經費來得容易，其間的浪費虛妄，如一併被檢討，才更能具見其誠意。

至於私立大學，名義上為財團法人，屬於公共財。因接受國家補助，受憲法規定，必須受國家監督。然而，絕大多數的私校都由家族或財團（非民法意義的財團法人）所掌控，完全以私人企業的思維和模式來經營，凡事以「利」計較，不具教育理想。甚且，不照顧學生基本需求，校務完全由董事會獨斷，董事又由自家人、親友，或關係政客立委出任。所以，有因此

30. 國立大學漲學費教育就公平了？

累積鉅額財富者，也有淘空自利者，如景文、親民，精鐘等案還記憶猶新，最後留下的爛攤子，只有交給國家接手。最受害的還是權利關係絕對不對等的無辜學生。

教育部對私校的監督，更是鬆懈，甚至有睜一隻眼，閉一隻眼的包庇之嫌。這些年來，幾乎將所有的師院都改升為師大，專技學院升格為大學。對於系所的增設更是只做表面文章，浮濫至極。曾有人文社會大學，以五個師資就生出了生物科技系和自然醫學所，再拼湊成科技學院。實驗室就由教室改裝，擠在已嫌侷促的教學大樓裡。類似的狀況，不勝枚舉。這十年高教政策的扭曲，以致荒腔走板，歷任教育部長，都要對歷史負責。

為彌平教育上的極大不公平，實踐國民的公平受教權，國家是應該補助私立大學！大學更不是商品，不能任由市場自由競爭。但在同時，政府必須先負起嚴格的監督責任；防止公共財飽入私囊；確保校園的民主化；為大學分類；訂立適當品類的評鑑辦法；設好退場機制，讓爛大學快快退場，免得貽害青年，損傷國家競爭力。

139

Ⅳ 私校現場

31. 我也有個大學夢

　　教改十年，黃粱一夢。

　　新政府開展新局，展現新象，尤以教育政策關係國家未來發展，及下一代的前途幸福，最受教育界及家長關注。日前，潘震澤教授提出了他的教育理想夢，直言，不妨趁此機會探討大學的本質，來個破釜沈舟式的大幅改革，真是勇哉斯言。

　　雖然潘文所主張的美式通才教育，曾經也是早年推動大學教改的主軸。弔詭的是，一方面我們移植美國大學博雅教育的體制，另一方面，卻將通識課程邊緣化，由政策鼓勵朝分科教育及研究型大學發展，以 SCI 評比、卓越計畫、教師及學校的評鑑等量化的標準，讓大學因經費的箝制，全都臣服在規範化的統治權力下，進行病態的操作。大學的發展已非驢非馬，弄成了四不像。

　　然而此時，大家所關注的焦點，卻只在綱本間的爭議，學費放寬與否，高中素質如何提昇等枝微末節上頭。其實，所有這些問題的癥結，全在好大學太少，大家都要擠進臺清交，所以，無論考試制度怎麼改變，都減輕不了競爭的壓力。方式越多元，門道就越多頭，千金重擔就越往下沈沈的壓在孩童肩頭。

　　對大學的改革，至今最多論及退場機制，因而推出的評鑑方式，引得大學內雞飛狗跳。為了應付，臨時搭建鐵皮屋作為課外教室、訂出課堂觀察辦法、要教師對學生匿名的教學評鑑作書面反省、回應等光怪陸離的手法。大學，哪裡還有八〇年

代,我們從事大學法改革時所要求的學術自由和教師尊嚴。所以,即使知道有些緣木求魚,可能性不高。我還是要呼應潘教授的主張,大學教育需要全面檢討。

這幾年,我從臺大轉到了中部一所還堪稱是私立大學模範生,由宗教興辦的學校,原就是著迷於它所標榜的古書院精神,並以通識教育所見長。然而,現實與理想落差太大,經過切身的體驗與反思之下,過去習以為常的一些觀念,真是需要當頭棒喝,徹底顛覆。那就是:

一、私人興學不一定都是善行

在過去資源匱乏、教育不普及的社會,有人捐資興學,絕對受到重重的讚賞與表揚。武訓興學的義舉,至今我都還能背誦一二。可是,現在的大學多到招不到學生,如果只為了學校的生存,辦了一所爛大學,不過虛耗青年的金錢和寶貴青春,延緩青年的成長,折損國家的競爭力。

二、廣設大學,未必就能提升國民素質

只為了打開過去聯考窄門,卻缺乏良好的配套措施與適當的現實條件,譬如師資設備的齊全,對學生照顧的周到、區隔大學設立的標準(是通識還是專業分科人才的培養)等全都不予把關考核,10年之間,由20幾所大學暴增為160餘所,無論良窳,教育部完全不負責任,照單全收,才造成今天的亂象。

三、研究所現在已不是求高深學問的地方

　　私立大學為求生存，必須刻意迎合政府重研究的教育政策，將自己美化為研究型大學，才能獲得較多經費的補助。同時，為了保障自己的研究所能招足額學生，幾乎是敞開大門，來者不拒。既不要求有相關學科基礎，也不在所裏給予補強。課堂上連進行討論的可能性都無，竟也能有模有樣的寫出論文，其素質可想而知。碩士生成了三低族（低職位、低待遇，低企圖），研究所價值只有不斷貶低，最後徒剩虛名而已。

四、私立大學不能理直氣壯的寬容自己，就該不如國立大學

　　每當談及私立大學的某些奇怪現象時，所得到的回應總是：不要拿臺大的標準來比。我總惶惶的自省，其實早有心理建設，不會如此白目，還在雲端中作天之驕子。

　　不過，若深入思考，實在不能接受這樣的觀點。教育，本來是賠錢的良心事業，不能因為經營的困境就因陋就簡。興學之初，早該準備好充裕的基金，永遠不停的挹注，才能達成當初興學的宗旨。若更進一步，站在教育就是為了學生的立場來看，現今私大學生 91 萬，遠超過國大的 41 萬人。私大學費遠超過公立學校，所得到的設備、師資卻不及公立的十分之一，甚且百分之一。私校學生在國家資源長期分配不均的情形下，早就是弱勢族群，現在更受這種不公平待遇，只有狂呼憲法 159 條所保障的公平受教權何在？

31. 我也有個大學夢

　　我也不同意大學經營可由市場供需機制自由運作的論調。私立大學是公益的財團法人，其經營大部分來自學雜費，小部分依賴捐助或國家補助，學校已是公共財，以及學生在校園中是權力不對等的弱勢的概念下，就應受憲法第162條及大學法的規範，由國家做法律範圍內，當然更應該有效率、有品質的監督。更何況，教育不是商品，學校及教師從來沒有擔負過商品責任，自由市場的概念，豈能不分青紅皂白的冠用在教育的理想上。

　　教育部做為國家最高教育主管機關，在一個粗糙的運動口號下，沒有相關的配套措施，也不考量現實環境、少子化的必然趨勢，及學界仍缺乏自律的文化，貿然大開門戶，是進步國家絕不可能的怪事。迄今，一片亂象，又用嚴苛、單一的評鑑標準，要逼退他自己輕率核准的校院系所。那麼將致無辜的學子於何地，私校經營者對政府的信賴又何在？

　　新政府有心改革，也要對其為始作俑者負起責任，是該作全盤性的檢討。從大學教育的定位、分梳（究竟是通才抑是專業）；通識課程的規劃（先做人，再做專業人）；私立學校的監督；評鑑標準的合理、合宜，以及退場的安頓等等，每項都要經深入的探討和仔細的考量，更要有精密的配套。事關國家百年大計，輕率不得。

Ⅳ 私校現場

32. 敬覆潘教授再談大學夢

潘教授：

拜讀過您的部落，很是有趣，也獲益良多，深感敬佩。

報上文章，總受字數限制，老是詞不達意，很容易遭致誤解。幸好有此空間，可以鋪陳一些問題，敬請指教。

我因為長期在臺大，所見識的問題有限。過去所堅持的教育改革，都是以一個資源充沛、素質優良的學校為基礎，所以要求大學自治、校園民主。正陷入了一般所批評的：以臺北觀點來看臺灣的盲點。此所以我想到南部去生活，去體驗的原因。

我所看到的南華，應該不是單一個案。據許多私校朋友談起，比南華還糟的狀況，所在多有。臺灣的高教政策，似乎從未考慮過私校的特殊現象，甚至縱容、包庇某些私校的惡搞。然而，私大人口在公立學校一倍以上，學生馬上就是社會的中堅份子。這些學生，除了考試沒考好之外，何其無辜的要承受這種不公平待遇？而且，嚴重的是，這絕對會傷害到國家的基本發展，甚至說會動搖國本，也不嫌誇張。

臺灣歷來的高教決策，只在乎菁英和卓越，完全忽略了平凡眾生的存在。因此，從未有過私校的教育家出任教育高官，甚至各種委員會，教改會、也很少私校人員參加，或者徵詢私校意見。所以我呼應潘教授徹底檢討高等教育的本質的意見，也必須把私校真相全攤開來，喚起大家的重視和討論，納入全面改革的範疇，以免再度陷入過去的偏執錯誤之中。

32. 敬覆潘教授再談大學夢

以下謹就上篇文章未盡之處,再做說明。

1

單純的「廣開大學」的概念,或作為運動的訴求,目的在增加教育機會,提升國民素質,應該都有其正當性。只是執政者依口號及政治需求行事,必須要有的完整規劃。高等教育的定位,以及相關的配套措施,都一一闕如之下,完全不做品質管制,就讓大學的門戶大開了。

在少子化的趨勢下,數量突然大增的大學,完全沒有以品質取勝的理念。為了招攬學生,只有不擇手段,出盡怪招。譬如像露水(某投書者筆名)老師在南華的經驗,沒有師資、沒有課程、沒有設備。只好強調升學率,只要能把學生送進研究所,就算辦學優良。相應的,研究所也跟著氾濫成災。

我親身經歷的是,只要報到率高、退學率低的,就是好系。系主任最重要的工作,就是發榜後的此刻,以密集的電話攻勢,留住學生。而後,帶著學生吃喝玩樂兩年,營造兄弟般的親密關係,使學生不捨得離去。到四年級,再要學生補習或直升上個研究所。鄉下父母因幾代也沒出過大學生,竟然在老師的愛護下,兒女還上了研究所。要擺桌謝老師、敬祖先哩。

但願這只是特例,但大學品質下降,卻是事實。學生耗了四年青春,大筆金錢,學問不多,倒跟老師學會了喝酒、敬酒、虛與委蛇,應付人事。系主任公開致詞時說,做事、做學問的是二、三等人,第一等人是會做人。他說的「人」,當然不是

Ⅳ 私校現場

你我想當然爾,正直、 誠懇、努力、積極的人。而是圓熟、善觀風色、會投機取巧的人。

我其實不忍做這樣的陳述,但這不過是我過去從來不曾想像的一小部分而已。

所以,我會主張辦了一所學店,不只不是善舉,還會害人哪。

2

部分大學會淪落至此,和教育部的包庇縱容難脫責任。這十年來新設立或升格的公立大學,大都與選舉時,「一鄉一大學」的政策買票有關。私立大學則無不背後有厚實的黨政關係或財團力量。政府不但不能得罪,多少還有些利害依存關係。

教育部對大學採取放任態度,主要應用兩個理論來卸責。一是大學自治;二是自由市場。

大學自治是八〇年代教改的主軸。當時,黨國嚴密控制教育體系,大學沒有課程、人事和經費的自主權,三民主義、國民黨史觀的近代史,和軍訓、護理是全國不分科系的共同必修科。我們經過8年的努力,1990年,大學師生還首度走上街頭,為大學改革遊行,立法院終於在1994年通過新大學法,確立大學在法律範圍內有自治權,大學教育從此邁入新紀元,好壞還有待歷史評價。

倒是,自此凡是大學事務,教育部都推給大學自治,國家不便干預。然後,教育部和大學內都巧立名目,設立各種委員會,由不具公權力的人共同參與,以集體議決的方式,脫卸掉

32. 敬覆潘教授再談大學夢

許多責任。

大法官第 380 號解釋：大學法第 1 條第 2 項規定：「大學應受學術自由之保障。並在法律範圍內，享有自治權」，其自治權之範圍，應包含直接涉及研究與教學之學術重要事項。再明白不過的指出，「大學自治」意涵的是教學、研究、和學習的自由，不受非教育因素（包括政治、經濟等）的干預。至於其他，譬如，基本設施不足，師生比落差太大、董事會、校長非法濫權等等，只要是與學術無關的事項，不但有大學法、教師法、私立學校法、教育人員任用條例，等等教育法規，或者依照憲法第 152 條，教育部都應該對大學做嚴格、適當且有效率的監督的。

如果教育部到現在還搞不清楚，哪些是該管好的，以致對今天的這般亂象叢生，還不知道該負起什麼樣的責任，動輒推給大學自治，就像一般公務員，把「依法行政」當成尚方寶劍，無往不利。那就更該儘速全面檢討高教本質，把問題理清楚。

3

我不是經濟學家，不敢談高深的經濟理論，但在資本主義的社會，自由經濟，由供需決定市場，這麼簡單的道理，是普通人都懂的常識。然而，我認為大學或學店在臺灣當下，並不具有市場機制中最重要的元素──完全的自由。

在長期的文化濡染及經濟許可下，大學，雖不是義務教育，但國民已形成了普遍的價值，即視之為必要的正規教育。家長

更以讓兒女進大學是教養上的基本義務。甚至，不能輸在起跑點上，從進幼稚園開始，就在規劃怎麼能一路考上個好大學。關鍵在好大學不多，競爭的壓力就不斷的往下延伸。供需不平衡，考試方法再怎麼改變，都不過是揚湯止沸，沒有用處。

再者，目前私立大學在法律上被定位為公益法人，性質上屬公共財。即使有盈餘，都應轉入學校基金，為學校使用，不可納入董事私囊。而且，私校大都接受國家補助，並享受國家給予的獎勵、優惠免稅等優惠，要簡單的納入自由市場經濟，不受國家或納稅人監督，也說不過去。

最要緊的，在聯考的統一分發、資訊不完全透明，學生一旦入學後，就此影響其一生，很難自由的轉換學校，學校也從來不曾負擔產品保證責任。如此的權力不對等，又怎能以自由市場視之？即使在自由市場，政府不應該充當那隻看不見的手，但政府卻有義務維持市場秩序的公平合理，不許可有壟斷、詐欺的交易行為。換一個角度，即使政府在不補助的前提下，完全放縱成經濟行為，對年輕弱勢的學生，絕對不利。

高等教育，究竟該不該由政府承擔，本來有不同的思維和制度。或許，可考慮以實驗方式，採雙軌體制，開放部分學校，不屬公益法人，把上述因素都去除，政府補助全然退出，只做主管機關的監督。就像現在某些國中小，由家長、學生自己承擔風險，回歸自由市場機制，優勝劣敗，自然淘汰。也藉此檢討大學教育的本質，並破除人人都要上大學的迷思。

就此補充，問題太多，仍是未能達意，企盼您多提供意見，以為臺灣高教費心。

33. 你為什麼要讀研究所？

　　讀研究所已經是現在最夯的趨勢！

　　有許多觀念是不需經過大腦，就認為理所當然，卻嚴重與時代脫節的。譬如，農家樂，是我們從小就耳熟能詳，對農家的歌頌。但是自從嘉義每到夏天就會曬死農人，以及崑濱伯高唱無米樂後，也許，農家收穫時的確有滿足的成就感，但真正快樂的，應該不多。這從農村人口不斷外移，嚴重老化，便能窺知一二。時代改變太快，社會價值流動，甚至過去，也只是文人騷客或是統治階層為了安撫農人，甘於辛苦，所編排出來的頌辭。可是，大家都習焉不察的，認為最快樂的人就是農夫了。

　　讀研究所，在此刻，正是這種迷思。

　　我做了一個小小的調查，歸納大學生一昧要更上層樓讀研究所的目的，計有：

1. 父母期待，要光宗耀祖
2. 同儕壓力，不能不如別人
3. 師長鼓勵，以免研究所招不到學生
4. 畢業即失業，校園是最好的避風港
5. 延緩兵役，等待募兵制
6. 逃避現實，不想面對社會
7. 將來找工作，職位高、底薪豐
8. 準備國考，留校K書

9. 相親，對方較青睞（限男生）

所有的原因，最後都冠冕堂皇的，宣稱是
10. 有興趣、要求學問

在進入本題之前，我們先來釐清「人」成長求學的幾個歷程。

人剛出生，是張純潔的白紙，雖然有存活的本能，但因社會機制太複雜，還需透過學習的教化過程，才能做一個現代民主社會裡的公民。因此國家負有讓人民受教育的義務，這段過程，到國中教育為止。根據強制入學條例，拒絕入學，是要受到處罰的。

國中畢業，已經可以識字讀報，具備基本的常識，有謀生的能力。在歐美，一般泛泛大眾，已有足夠能力進入社會，依自己的性向、能力和興趣，安排自己的生命，尋找恰當的定位。學習則是永無止境的，不拘泥於校園之中，也不受文憑之限，事事練達皆學問，只看你自己怎麼去追求。

理論上，大學如果採歐洲制度，像英、法、德國等是專業教育，那就應該在高中把比義務教育要精緻的通識教育，也就是禮樂射御書數等十八般武藝，以及作為一個現代民主法治社會的公民，應該具備的民主素養，包括：懂得尊重別人；能辨別是非，具有正義感；能有公共意識，知道關懷社會；勤懇正直，負有責任倫理都學會了，簡單的說，進大學前，已經是個知書達禮，有教養的人。

如果學習美國制度，大學才是通識教育階段。

那麼，研究所，無論是何種體制，都是研究高深學問和專

業的地方。是更有選擇性和只適合少數特別有做學問的志趣，或要從事高深技術的人士而設的了。

然而，現在的臺灣，卻因為阿貓阿狗都進了研究所。所以，不管在大學聯考前，你是多麼的痛恨讀書，也不管大學四年是怎麼玩過來的，更不管你自己是不是一塊讀書的料，以及將來要不要從事學術的工作。反正，如今研究所的大門洞開，基於那麼多世俗的理由，到補習班去惡補一陣，背背考古題，甚至用人情的甄試辦法，就一窩瘋的又都進了研究所。

順利讀完研究所，最少要兩到三年的時間。既然是很功利的考量，我們不妨也來打打算盤，簡單核計一下，投資報酬率是否值得。

兩年的學費、食宿、交通、最少要開銷五十萬元新臺幣。如果這兩年，你努力的去找份工作，基本工資大概也有五十萬，這一出入就是一百萬臺幣。兩年的工作年資和晉薪，累計進去，兩年後，說不定還做了碩士同學的小主管。起碼，在職場上比他要資深，在社會大學裡，可能學習得更充實。至於，以後的機運，誰能成為王永慶、郭台銘，人生如戲，任誰也料不準。

一百萬，兩年青春，換來個碩士學位，最現實的利益，是因此可以謀到一個比較好的工作，底薪要比大學畢業生多個三、五千元。但前提是，你必須讀了個真才實學的研究所，你也頂認真好學，沒有打混，沒有把讀書當副業才行。不然，你以兩三年最精華的青春歲月，一百萬臺幣的耗費，所換得的可能是一個已經因通貨膨脹，貶值得只剩虛殼的頭銜而已。

不過，遺憾的，有市場價值、真材實料的研究所可都不好

IV 私校現場

考,而且,為數已經不多(尤其,是我熟悉的社會科學領域的研究所)。倒是,一大堆,濫竽充數的劣等研究所,可都張開雙臂,等待著你。

回溯大學教育在臺灣的發展,當經濟發達,生活安定到一定程度的社會,人民好學求知識,當然值得鼓勵。臺灣政府有鑑於此,從九〇年代開始,除了廣開大學之門外,也大開研究所的方便之門。不但允許大學不開系,卻可設獨立的研究所,還開放專科學生直接報考,並以多元方式入學。

本來,教育的過程必須按部就班,循序漸進。大學教育不只是知識的淬煉,同時也做人格的養成,就是通識教育部分。大學生享受校園生活,受不同學風薰陶,自然培育出獨立自在的人文素養。所謂「教養」是也。

資優班跳級的實驗結果,都不完全理想,經常發生人格上的不適應,以致小時了了,大未必佳。同樣的道理,跳過大學階段,略過人格養成部分,未曾體驗過大學經驗,直接進了研究所,其學習及研究能力固然有落差,直把研究所當成專業的進階單位,不再是研究高深學問的殿堂。因此,所呈現的結果也是大不相同。縱使取得文憑,卻因未經濡染內化的過程,淺薄無知依舊,狠毒虛矯更甚,不正是現今諸多博碩士的寫照!

更何況,教育部只知其一,不知其二。廣開入學之門,卻不控管品質。粗製濫造的研究所,生產的成品,品質就更可慮了。

開設人文社會科學的研究所,是成本最低的投資。教室是現成的,書籍也不需多添置,行政人員可共用(甚至用工讀生

33. 你為什麼要讀研究所？

替代），有兩個助理教授的名額就可以開辦起來了。唯一最大的投資，是禮聘名師，提高素質。尤其用資深教師為經師、為人師，傳承經驗和閱歷，厚植人文化成的質地。這卻是私校經營者最無見識，最不願意做的部分。

　　為了招攬，學校不惜打出：「一次考試，直升碩士」的廣告為號召，藉此拉抬大學部的招生率，保障研究所的報到率。又為了能招足員額，幾乎來者不拒，不敢讓考試艱深，也不敢要求過去的學習基礎，不管你大學學的是資管、醫管、宗教、生死、觀光的……或任何專業。也許考不進你原來的本科系所，可是只要進補習班背一本政治學或行政學之類，就能考進行政所、美國所、日本所、亞太所了。甚至，進不了甲所，學校還主動將你遞補進還有空額的乙所。

　　還有，將應該是在職進修班的社會人士，偷天換日納入正常體系，以廣結人脈，充缺額。甄試辦法更是漏洞百出，只要和主事者套些交情，幾乎無往不利，連論文只要熬足時間，或者用金錢買來，連課都不用上，或找秘書代上，我在臺大的進修班，就曾遇到由爸爸來上課錄音的公務員，幾乎也都保證護航過關。

　　最要命的是，連過去的中研院院長吳大猷先生都說過，社會科學只要動根腳指頭就念通了，或許他是天縱英明，一般人竟也信以為真，還當這些學問不過是日常生活，只要識得字，也就懂了其中的學問，就能來拿學位了。

　　學校不但浮濫招生，還不在所裡增強他們的基本學科，也不設定必修科目。所以，雖然轉進了社會科學領域，卻可以不

153

Ⅳ 私校現場

懂三民主義為何物；可以不知道「族繁不及備載」怎麼寫，也可以以為鳳毛麟角是個姓鳳名麟角的名人。如果十八分，甚至零分進的大學，這些人照樣也會進了研究所，你要怎樣期待他們突然啟蒙，而茅塞頓開呢。

　　如是參差，乃致普遍低落的程度，不要說在課堂上進行討論、相互切磋，或做專題研究，像個研究所的教課。甚至比大學部學生，更難在短時間內，灌輸進基本的知識。至於論文，很少有願意解密公開的，因為實在見不得人。

　　當初政府的開放政策，的確是源於自由市場的概念，學術品質由各校自行負責。無奈有些學校，只為求生，只怕招不到學生，哪還顧及到學術聲譽，知道愛惜羽毛？教育部的退場機制還不完備前，是否選擇就讀，已經不是義務教育，也沒經過強行分發，就讓學生自己承擔風險吧。

　　在如此混亂的市場裡，如果你真的有心求學問，那麼就該精挑細選，選間有真才實料的研究所，好好從師資、課程、方向和口碑、前景上去評比。免得誤了自己青春。

　　如果你也不過是一項投資行為，那就好打打算盤。以免魚目混珠，得不償失，說不定還血本無歸。

34. 民主走不進私大的校園

1987年，我們在臺大組織「教授聯誼會」，主張校園自主，教授治校。從此，掀開了大學教育改革的序幕。1989年，再組大學教育改革促進會，經過了五年的奮鬥，大學法終於修訂完成，明確標舉「學術自由、大學自治」的最高原則。這其間，大學校長經由臺大校務會議確定由校園自行民選產生，軍訓課改為選修。

大學，形式上獲得了自治權。

當時，學改會編寫了一本書：「大學之再生」，痛陳政治、軍事干預學術的不是，期待民主化為大學帶來新生，大學教育從此可以像大學法上所說的：研究學術，培育人才、提升文化，服務社會，促進國家的發展。

雖然開創伊始，跌跌撞撞，頗多瑕疵，也被少數人打著民主的旗幟，圖謀自己的權勢。但到今天，終究沒有人會否認校園民主的價值，漸漸的，成為理所當然的制度。

只是，萬萬沒想到，當時意氣風發的民主之戰，竟然只適用在為數較少的國立大學之中，人口在兩倍以上的私大校園，卻仍是一大叢民主的黑森林地帶。

Ⅳ 私校現場

董事會：朕即天下

臺灣的私大，除了幾家老牌的學校，例如，東海、輔仁等以外，不是由家族，就是家族掌控的財團所捐資興建。由捐助人指定組成的董事會總其成，負責學校的學術、行政、財務等等一切事項。通常，捐助人都會擔任董事長。

政府基於舊思維，將興學看待成是善舉，多所鼓勵，譬如，土地、設備減免稅賦並給予大量的經費補助。但也知道向來私校都被當成家產，以企業化方式經營，所以，也給了一點限制。那就是：私校的董事會，依私校法規定，7 至 21 人，其中有配偶及三親等內血親、姻親關係者，不得超過三分之一。以及，應有三分之一曾從事教育研究，或同級或較高級教育工作，具有相當經驗者這兩項。不過，這兩項限制，有點像影星成龍說的，真是國際笑話。

財團家族，親友如雲，三分之一屬三親等以內，其餘，悉聽尊便。所以多的是丈夫是董事長，妻子是特助，姪兒女是校長的學校。即使沒有任何親屬的，也要有嫡系的徒弟進駐控管，才能放心。甚至逾越體制，狐假虎威，橫行校園的，亦所在多有。上有政策、下有對策，有心當家產來經營，什麼辦法不會有？

至於教育人士的門檻，自從大學氾濫成災以後，教授已多如過江之鯽，何況，做過教育工作，就有教育理想啦？實在是有些自欺欺人。

結論是，董事會成員絕不可能有不同意見者，我們都是一家人，利益共同體。如果有外人，那一定是有權有勢能為私校

關說牟利,或擋麻煩的,譬如立委(按理,立委有間接監督私校的權責,是不能當私校董事的門神,尤其是文化教育委員會的立委)。

董事會作些什麼呢?

包山包海,董事會是什麼事都可以做的。在學改會的時代,曾聽劉源俊教授說起,私校的問題都在董事會。當時,完全沒體會,現在,身歷其境,始知其言不虛,一針見血。

董事會所有的意志,透過聘任的校長,一以貫之。

校長:董事會的 CEO,校園中的土皇帝

校長的選聘,由董事會全權決定。公立學校的普選、遴選或甄選,一律與私立學校無關,甚至不用徵詢一下校內的意見,或考慮此人的品格、能力及人和問題,只要符合董事會的利益就行。

稍有教育理想的董事會,可能還會找一個有聲望、有學養的來主持。不過,一般還是會找自己人,或找當過官、有關係的,此所以教育部的大官小官,退下來後都到以前監管的私校當校長及謀個差事,至少容易打通關節,當個門神。至於只想賺錢的,找會算計,學管理、夠刻薄的就好。

一旦被選聘為校長,唯一要承歡的只有董事會,也只有董事會具有解聘校長的權力。所以,董事會不必干預校務,自有

校長為之貫徹初衷。

曾有一校長，嗤鼻什麼「教授治校」，而大言「校長治校」的時代來臨！

果真其言不虛！校園內，除了校長唯我獨尊之外，其他人，不是唯唯諾諾，為其所用，就是噤若寒蟬，明哲保身。校長更可以大膽任用親信、學生成為禁衛軍，充斥在各種會議中，捍衛他的統治權力。

除了行政人員，全要聽命於校長外，那倒也於法相符，校長本來就該是行政體系的領導人嘛。至於學術體系，院長、所長、系主任也一併由校長指定。現實狀況是，每系所現聘專任教員，原則上不超過3名，所以也只有大家輪著做。唯一的條件，是要能仰承上意（校長之意），否則，飯碗都可能不保，還當什麼學官。難堪的是，某些具特殊人格的校長，仗恃權力在握，總把所有員工都看成依賴他吃飯活口的長工，呼之則來，揮之即去，毫無尊重禮遇，更毫不珍惜愛顧。

各種會議：玩弄形式

由於民主的概念已經規範化，會議的形式，成為私校奉為圭臬的儀式。從校務會議以降，法令有提到的會議一個不缺。只有三個人的研究所，可以設立所業務會議、教師評審委員會、課程委員會等等。玩弄形式，達於極致。

教職員間還有各種委員會，譬如膳食監督委員會，以與會的會計主任說了算數；教職員工福利互助委員會，以人事主任的意見為決議；採購委員會，教師代表，完全是門外漢，只有

背書的功能,豈有置喙的餘地。

凡是由校長主持的會議,當然由校長一手操控議程和議題。

南華大學為了應付評鑑,說是要提高教學品質,校長提了一個「南華大學教學現場教室觀察施行辦法」到教務會議。據參加會議的社科院各系所主管一致表示,當場都極力反對,幾乎無一人贊成,但校長執意通過,便成了定案。

我為此,特在院教評會中提出討論,經大家同意向下次教務會議提案,請求撤銷此一既傷學術尊嚴,現實上又不可行的辦法。

這是一項向教務會議提出的議案,教務長當成公文批示下來了。還先請示了校長,當然,結果可想而知。只是,甫說在會議上平等發言,理性溝通,民主議決。難道,連提案權都被剝奪了嗎?

教職工生:高壓下的弱勢者

在如此專權的統治下,教職員工有因此得寵,分享些利益者,自然結合成生命共同體。大多數則敢怒不敢言,在工作的壓力下,自動繳械、成了順民。最可憐的只有學生!

學生在高壓的社群裡,學習到的是虛矯、偽善、自利、疏離。現代社會的核心價值、自由、平等、博愛與他們是無緣的,他們更沒有機會在校園中演練民主的生活。連自己的權益都不知如何保障的未來棟梁,還能怎麼期待將來他們做為中流砥柱,實踐社會的公平正義。

Ⅳ 私校現場

修私校法：增強私校的公共性

　　大學氾濫成災後，過時的法律都該檢討修正了。私校法不能再縱容把私立學校當成家產，以營利為經營策略。董事會本應負責籌措基金，不停挹注，否則，校長就該擔負重大的募款責任。評鑑時，應將募款成績列為指標，而非只稱讚財務結構健全，卻不過問是怎麼剝削學生而來的。

　　其次，私校董事會應為學校教員設定當然名額，由校內不擔任行政職務的資深教授，以民主的方式出任，代表校務意見，可使讓董事會和校務連結，瞭解校內的實際狀況，並能參與決策。

　　第三，校長的選任，即使不能如公立學校，遴選產生，但至少要建立諮詢校內同仁意見的機制。若只偏聽少數親信報喜不報憂的錯誤資訊，由董事會獨斷任免，讓校長肆無忌憚的瞞上欺下，學校怎麼可能辦得好？

　　第四，評鑑基準需要合理、合宜。學生基本權益應列為第一重要的項目，若連基本設施都缺乏，卻還被評比為優良，不是其他學校更爛，就是評鑑白目。這正是高等教育一昧追求卓越，忘卻了平凡眾生，才是社會中堅的盲點。再則，區分各校不同的特質、方向和目標，定位不同的等級，給予不同的標準，那就是更擴大為高教本質的檢討了。

35. 開放陸生也解不了私校的燃眉之急

　　大學招生，一年比一年困難。今年的錄取率已到百分之百，可能零分，也就是說，不識之無者，也都有大學念，也會順利畢業，說不定將來還能進研究所深造。

　　大學經營到了這步田地，教育部還拿捏不準那些事該管不管、如何去收拾這等殘局。卻先祭出了開放大陸學生來臺就讀的政策，以為是靈丹妙藥。事實卻是，絕對解不了私立招生荒的燃眉之急。

　　開放陸生來臺，是不是兩岸政治過招，三通策略的一環，不是我們這裡要討論的議題。我們只就教育論教育，擔心教育部寄望過高，終將空歡喜一場，甚至會帶來其他的後遺症。

　　所以這樣論斷，有幾個方面的思索。

　　第一、是經濟因素。臺灣的生活水平還是遠高於大陸地區。學費不比大陸便宜，名校沒有幾個。大陸有財力的學生，可選擇的機會太多，即使選擇香港、新加坡，一樣有語言優勢，且比臺灣更國際化，更能與國際接軌。除了臺清交，陸生會蜂湧來臺的期待，恐怕只是一廂情願的空想。至於沒財力的陸生，除非是頂尖的優異人才，臺清交會感興趣外，私大供養不起，人家也未必要來。

　　第二、是政治因素。大陸再自由開放，和臺灣的民主社會，

Ⅳ 私校現場

仍有不可同日而語的落差,尤其兩岸統戰攻防未曾稍歇,大陸方面是不可能開放人文社會科學領域的學生來臺取經的。如像清末庚子賠款的第一批留學生,為社會帶進全新的思潮,掀起驚濤駭浪的革命,恐非中國政權所樂見。就算有,這批人的去從,甚或就此滯留臺灣,必然都是兩岸的新課題。

第三、仍是城鄉差距。陸生來臺,當然是要吸取臺灣的精華,毫無疑問的,會往北部大都會集中。雲嘉南屬臺灣最貧瘠的地區,連臺灣學生都以之為次要選擇,更以交通不便,學風不盛,即使免費開放給陸生入學,恐怕都難以吸引到人。可是最寄望陸生來臺,彌補空額的卻也就是這些學校。

私校的如意算盤,當在由政府補貼,如外籍生般,用納稅人的錢,貼補私校的財政窘窘,解決招生困窘。甚至打出進行產學合作,為臺商培植勞動技術人才的構想。在去年,由南華大學召集的研討會上,我就期期以為不可。若想將招攬來的外籍學生(絕大多數來自泰、馬、越、柬的貧窮地區)當廉價勞工使用,不但不人道,更有違反勞基法之嫌。由政府補貼每個外籍生兩萬元臺幣,也屬凱子外交之一種。若想以文化無形感化,厚植影響力,固是我們回饋國際的道義,但總需量力而為。當自己的子弟尚未能獲得妥善照顧時,侈言援助外籍生,未能以臺灣優先,就國家整體利益而言,未必能獲得國人認同,更不是解決私校問題的根本之道。

正本清源,私大要在慘烈的競爭中存活,不必浪費心思在許多務虛的點子上。 還是正正當當的回歸教育的本質,當它是公益事業,只有付出,莫圖回收。如果是宗教辦學,以普渡眾

35. 開放陸生也解不了私校的燃眉之急

生為本願。奉勸辦學者,好好的辦出特色,自然能在競爭中卓然挺立,出污泥而不染,便也自然能留名青史,記下功德一樁。

V 理念之辯

36. 臺灣教育理念的理想：
傳承、創新、責任、人文

　　教育是一種文化象徵意義與價值，在代代之間傳承延續、有所創新演進的制度化安排與設計。其間，既充滿集體記憶，也負荷著共同的期待，因此更承載著無比的責任。

　　就傳承延續而言，指的是傳統的建立，也是傳統的維續。傳統包含前人累積下來的生活經驗、創造出的種種知識文明，和一貫秉持的理想與終極價值。這些都是使世代之間得以擁有象徵意義之集體記憶，而共享同屬我群之情感基礎。如此具有歷史意涵的集體「我」的形塑與延續，幾乎是人類社會共有的特徵，也往往被視為一種終極的價值。人類從此處得到肯定，也孕育出認同，更確立生存的意義。因此，如何努力維護延續傳統，就成為教育的主要內容。

　　然而，在現代社會，不斷的追求創新與變革，幾乎又成為社會能否獨立自存的必要條件，而且也是人類文明發展中難以完全顛覆的「終極價值」。因此，假如教育只求維護延續傳統，而罔顧瞬息變遷的時代脈動，其結果將可能使傳統的維護與延續推到極致，成為食古不化的保守，終使整個社會呆滯不前，喪失了應變能力，也失去了生機。

　　如何在傳統與創新之間尋找平衡點，讓兩者不至對立互斥，而能相輔相成，成為互相搓揉而孕育新生命的動力，是整體教

Ⅴ 理念之辯

育的首要任務。因此，文化傳統的傳承延續與創新演進，無疑地同時是整個教育部分階段的共同且根本的理念。

臺灣基本上是個移民社會，原本就充滿著變數，集體性格有待時間來形塑。不幸的是，漢人登陸四百多年來的歷史命運乖違，社會始終處於受宰制的不安狀態，帶有濃厚的悲劇色彩。以致具有風格的文化傳統一直未能明確被形塑成功。面對這樣的歷史命運，以及仍未確定的未來狀態，如何去補捉、勾勒屬於這個地區，長期以來先人累積的生活經驗與集體記憶，蔚成具有特色的文化傳統力，以作為定義生活在這個地區之子子孫孫的集體認同，毋寧是當前教育體制所面臨的最大挑戰。

追求、肯定與創造文化傳統固然是教育最重要的理念，但是，這並不意味著我們的教育就企圖把下一代形塑成為一群孤立於全世界之外的「異鄉人」。

「全球化」急速形成的趨勢下，臺灣已成為整個世界不可分割的一部分，與世界其他地方緊密地聯結在一起。既是活在地球村裡，我們對人類的文明，尤其源自西方世界的優勢現代文明，有理由，也不可能不有所認識。尤有進者，我們對人類共同的文明也同樣負擔一份維護延續與創新演進的責任。若是，教育的基本內涵不但是地區的，也是全球的：我們所要維護延續或創新演進的不但是這個地區歷史所特有的，更是全人類歷史所共同的。

不論是地區的或全球的，也不論是文化的傳承延續或創新演進，我們已點出，教育本身是對下一世代的永續期待，也是對下一世代的永續責任。期待下一代創造出具有更開放、更歡

36. 臺灣教育理念的理想：傳承、創新、責任、人文

愉、更理性的新世代文明，而且以此胸懷來期待他們的下一代，讓世世代代充滿著希望與生機，永續存在。

期待賜與人類生命的生機，也充滿著溫情。但是，這種溫情與生機，若缺乏責任，則可能變成濫情，也很容易走上充斥著激情之法西斯主義的道路。責任是一種倫理要求，幾乎是任何制度化教育形式所必須的，更重要的是責任需要有實際的內涵為依歸，否則，責任的倫理將成為不必負「責任」的口號，也將無從檢證。因此，必須進一步追問，整個教育所期待，也是教育者所應擔負責任的實際涵義是什麼？

回顧古今中外歷史，人類社會事實上都共享有一個至明的特點。就是：整個世界（包含自然世界在內）所內涵的性質和意義並不能自明，必須經過人的認知，並加以文飾表達，才能剔透出來。值得注意的是，人往往會進一步對整個世界存著一些期待，期待世界變得更合乎自己所認定的理想。因此，不論從現實或理想的角度來看，對人而言，整個世界都可以「人文化成」的觀念來呈現。

「人文」所表現的是人對世界、其他人與自己的一種態度，也是一種關懷。這是人與其所生存之外的世界，也是與其所經驗的內在心靈世界之間關係的基本表現。其所內涵的意義遠比「人本」與「人道」更為根本，也更加寬廣。

長期以來，在西方實證科學理性的主導支配之下，人們相信可以超越價值，創造客觀中立而有實用功效的知識。基本上，這些知識被認為具有放諸天下而皆準的普遍真理性。很自然的，這些知識的傳授也就被認為是整個教育（尤其大學教育）的基

169

V 理念之辯

本內容。姑且不論科學知識是否真有可能超越價值，保持客觀中立或具有實用功效以造福人群，從歷史的角度來看，一旦人以自己為本位，企圖利用這些知識來戡天役物，使得慾望，無限地膨脹。那麼，「人本」的人文精神也就必須重新檢討。

在歐洲歷史中，「人本」的人文精神產生有其一定的社會條件，也具有一定的歷史意義。這個精神曾使歐洲人走出中古世紀教會壟斷的黑暗時期，讓人做為一個「人」的基本尊嚴得以有恢復的機會。

然而，毋庸置疑的，一方面，在資本主義與科技發展的雙重夾擊下，人本的人文精神漸漸地流失了其原始精髓。另一方面，隨著歷史腳步的邁進，社會背景的更替，似乎使得人本之人文精神發揮正面意義的條件喪失殆盡。相反的，它變成為一個被嚴重扭曲的意識形態。實際上人們所看到的是它使人充滿著浮誇的自信，變得十分狂妄、專斷，百般地踩躪自然，肆意地耗用資源，更使人類為了爭奪資源、保護利益，毫不留情地相互迫害、殘殺。

審視整個人類文明的發展，具有人道意涵的人文精神不應是以極具征服、宰制、耗盡、無限擴展與戡天役物企圖來證成「自我」的人本主義。這是本位、自私、也是殘暴的。相反的，較合理的人文精神應當是悲天憫人，它教人謙虛、收斂、知分寸、不時反省。是一種強調自制的人文精神，講求人與自然（包含其他人在內）之間有著相互尊重的和諧關係。基本上，就是把權利觀念由人自身擴展到自然的一種現代公民思想之精髓所在。

36. 臺灣教育理念的理想：傳承、創新、責任、人文

　　總地來說，姑且不論人文精神的內涵應當為何，教育做為一種人為的建制性設計，自應以培養人文精神為基本理念，其本質是「人文」的。知識的傳授、經驗的交流或終極價值的設定，不論其涉及的內容是多麼地專業技術化，都應當建立在人文關懷的基礎上。只是，在不同的教育階段，為顧及不同年齡層之受教者的學習能力與教育功能，我們施以不同的教育方式，也給予不同比重的內容而已。

Ⅴ 理念之辯

37. 大學中學生自治的涵義和實踐

一、前言

　　近十年來，臺灣社會變遷比往昔更形迅速。不但經濟持續成長，政治氛圍迭變，民間力量茁壯，社會自由空間加大，人民爭取權益的意識更是提升了許多。一時之間，社會充滿著不同的聲音，各種民間團體，如原住民、環保、殘障、婦女、無住屋者、工人、計程車司機、老兵……等等蜂湧而現，為了維護自身的權益，群起爭取更多、更大的自由主導空間。

　　大學生自不例外。做為知識份子的雛型人物，大學生除一本慣有的理想主義情懷，關心一般性的政治與社會事務，並以運動的形式來表達意見外，對大學校園內的事務，也投入甚多的心力，爭取改革的空間。其中，最為突顯的莫過於有關大學內學生自治的主張與訴求。

　　以西方世界為例，學生自治的推動歷來已久。德國學生自治的歷史即可溯及十九世紀初「學生聯盟」（Burchen schafe）的形成。然而，就立法論而言，二次大戰結束之後，前西德若干邦才於邦憲法中規定學生得參與大學自治，使「學生自治團體」（Studenten schafe），得以與大學中之其他團體或機構一般，在一定之經濟、社會、與文化任務上，獲有獨立性的法律地位。

　　再以美國為例，基本上，學生參與大學事務的管理，並未在法律上有所界定，而從在大學自身所設立之內規中做制度性

規範。如哥倫比亞大學即規定學生得選派代表參加大學評議會（University Senate）。日本的情形亦然，自從六〇年代學生運動風起雲湧，許多大學才有學生自治組織存在，也有學生參與大學自治之制度出現。

綜合各國的情形，大體而言，學生自治迄今尚未普遍形成法律概念，尚停留在社會集體意識的塑造階段。「學生自治」，能否成大學的基本理念之一，無論就學理或現實條件的考慮，在學者、教育者、受教育者、行政官僚，或社會大眾之間，尚有很大的爭議，難有定論。在這樣的背景下，作者首先簡化立場，把討論的焦點集中於「學生自治」之基本意涵，而不從事正反不同意見的議論工夫。然後，再以此基本意涵為基礎，來檢討在現階段之臺灣的大學校園內所具有的教育意義，與實踐時可能面對的一些問題。

二、現代社會中大學社會的角色

回顧西方之大學發展史，將大學定位成培育社會中各行各業，高等專業人的場所的論點，還是二十世紀以後才告明顯形成。如此的定位，基本上可以說是科技工商資本主義化所發展出的歷史潮流推動出來的結果。換句話說，這是因應現代社會之生產模式所需，也為經濟生產面相所主導，而被逼迫出來在結構上具邏輯必然條件的趨勢。

如此的發展趨勢或許是無可避免的。但是，無論如何，「經濟化」大學的角色，把它納入生產體系，成為內含、附庸的一

Ⅴ 理念之辯

環,毋庸置疑地窄化了大學的社會功能,更扭曲了大學原本具有更寬廣、更神聖的歷史精神,也矮化了大學的使命。假若我們接受「經濟化」大學角色是一種異化的現象,扞格了大學的基本理念,那麼,面對現實潮流的一再衝擊,我們將如何重新為大學定位?這是所有關心大學教育者不能不慎思的基本問題。

假若我們把社會當成具主體性的集體性實體,社會便具有形塑理想的能力,並且意圖系統化且充分地將之轉化而實踐。在這樣的過程中,一個最為根本的問題乃是:理想從那兒產生,如何被形塑,如何才能順利又系統且充分地轉化實踐?這一系列的問題,相當複雜,我們只能以最簡單的方式把基本的理路梳理出一個最簡單的回答,便是:理想當然從人自身引發而來,它乃是人對自己和周遭環境有所感受、想像與思考後建構出來具主觀期待的象徵產品。

進一步言,基本上,社會的共同理想源自活生生的個體人。但絕不是所有的個體人都具理想,而是某一個或少數的特定個體人。一般而言,這些特定的個體人具有一個共同的特徵,即:他們善於、且往往被賦予正當性,以從事抽象象徵化的功夫。然而,社會的共同理想所以能夠順利形塑,尚需要具備另一個重要的機制,此即制度化。在現代社會裏,尤其有其重要性。

社會的理想來自個體人,但卻不能停留在個體人身上。理想的共同性能夠產生,必然要發生在群體之中。因此,個體所創造、形塑的象徵理想,一定要被他人,尤其相當多數的人,所接受、採納,而具備正當化(Legitimatization)的程序,才

37. 大學中學生自治的涵義和實踐

可能轉換成集體性的理想。換成制度化結構的語言來說，社會的共同理想乃需經由某些特定的建制形式來凝聚、披露、修飾與創造，才可能充分地展現出來。以現代社會的結構模式來看，大學正是人為設計出來扮演這樣角色的建制體。

既然理想是一具價值、具信仰成份，並意圖實踐之意涵的象徵認知叢結，它乃是人的主體意識表現，也是人展現意志的媒介。人和其他動物最大的不同，即在懂得創造理想來對照現實，並進而改造現實。事實上，這也是常被人類視為生存之意義，並用以代表文明之進步與否的指標。於是，文明國家無不尊重並神聖化理想，在制度上，莫不營建特殊的建制來從事理想的創造、詮釋、批判、披露、修飾與學習等任務。保障這樣的建制，使之得以充分發揮其功能，順理成章地具有無與倫比的神聖意涵。

在主張尊重人權的現代社會裏，以制度化的形式，尤其透過立法程序來保障象徵符號的創造、使用與溝通，被視為確保、展現天賦人權不可分割的一部份，也成為界定「自由」的基本內涵。大學做為貫徹這些精神的社會機制，意謂必須賦予充分自主運作的權力條件。

因此，諸如行政與人事決定權獨立於政治權力之外，講學與著作的學術自由、課程設計與安排的自主……等等，都成為制度上的要件。唯有如此，才能夠使大學充分發揮以知識為媒體來締造、宣揚，乃至實踐共同理想的社會功能。

在整個教育建制體系中，大學位居最高的位置。「最高」的意思是多重的，其中有兩個意思值得進一步闡述，以做為確

Ⅴ 理念之辯

立大學除了傳授專精之知識外之社會任務的立論基礎。

「最高」的一個意思是，在所有的學生群體當中，大學生的年齡最大，一般都在 18 歲以上。這意含著學生近乎成人或已是成人，已具有完全的行為能力，也被要求負起法律上的責任。就實際的社會生活而言，大學生有些已在經濟上自立，甚至結婚生子，擔負起養家活口的責任。無論就法律或社會慣例的角度來看，大學生都可以說已具獨立自主，也希望具此特質的個體。

另外，「最高」意指大學是正式教育建制中最後階段。就建制的教育體系而言，大學之上再無任何建制性的正式教育機制。因此，大學可以說是一個人受正式教育生涯中最後的學習機會。之後，他將結束建制的教育，正式踏入「社會」，擔負起種種社會責任，並納入社會生產體制內，謀求自立自主的經濟生活。

很明顯的，如此的雙重「最高」意義說明著，就學生的立場而言，大學教育的目的，除了傳授高級的專精知識之外，尚負擔著培育個體，使之具備獨立自主人格，以俾能夠自我負責，並履行種種社會角色的責任。

原則上，無論獨立自主人格的形塑或社會責任意識的培養，都不應當只以傳授專業知識的言教方式來進行。最為適當、有效、直接的方式當是給予學生「身教」的機會。也就是，提供學生有充分親身體驗，學習為人處事的機會，遠比老師利用課堂間接地把經驗與規範要求，以知識形式來傳遞給學生更為有效，也更有意義。

37. 大學中學生自治的涵義和實踐

　　大學做為形塑社會理想，並推動使之轉化實踐的場所，人們自然地期待大學本身即是一個充滿烏托邦理想色彩的小「社會」。自有文明以來，人類對理想的「社會」大體有一共同的期盼，此一期盼可以西方人觀念中之「社區」的概念來概括。

　　根據美國社會學家尼斯比（Nisbet）的說法，在十九至二十世紀的西方社會思想裏，「社區」（Community）所指涉的，並不必然侷限在地理空間上具鄰接的局部性（locality），而是一種特殊的人際關係形式。其意指的乃是具高度個人親密性、情緒深刻、道德契入、社會凝聚，和時間上連續的關係形式。它只有在具整體性之人「man」，而非分離之個別角色（role）中，才可能找尋得到的。因此，社區融會了感情與思想、傳統與契入（commitment）和成員身份（membership）與意志為一體。

　　以現實的角度來看，把這些概念運用到大學上面，而謂大學具社區的性質，意指的其實並非實然體現的面相，而是對大學所具之應然理想式的期待。這樣的意涵十分吻合人與做為創造理想的屬性要求，也正是前面所提之烏托邦社會的意思。

　　現代大學結構被「經濟化」，無疑地明白宣告了「社區」之理想屬性的退位。功利實用化大學的角色，尤其把大學分科別系地組成起來，實際上已使大學變成如一個分工細密、組織緊湊的工廠。在此現實的狀況之上，大學具有的性質是如同社會學家杜尼斯（Tonnies）所謂的「組合」（Gesellschaft，而不是「社區」（Gemeinschft）。

　　職是之故，我們期盼大學是一種「社區」，事實上，乃對烏托邦的理想予以肯定，也希望契入並努力實踐之。

Ⅴ 理念之辯

　　大學具備「社區」之性質乃意謂著,「社區」所具有之感性契入、認同、責任與整體感之形塑等等特質,能夠在大學中也發現得到。依此前提,大學的自主性事實上即意含著,大學中之成員具有認同大學自身是個整體,必須對它產生情感上的契入,也必對自己在其中所扮演的角色具有強烈的責任意識。如此,大學的自主性才可能具體地被表現出來。

　　就教育的意義來看,大學的「社區」意識是社會整體之「社區」意識的縮影,在大學裏,形塑「社區」意識乃意圖讓學生有機會學習做為一個社群成員應具備的社會心理與人格特質。其目的是,讓學生於畢業之後,能對其在日常生活中所扮演的諸多角色有著感情契入與責任意識,並藉此形塑集體意識,俾使人與人之間能夠凝聚力量、共享和諧生活。

三、學生自治的教育意涵

　　任何由人組成的組織都展現權力的關係。如何把權力正常化成為權威(authority),是組織得以穩定而持續運作的要件。大學是一種組織,因此,也無法避免權力的運作問題。

　　現代的大學已變成一個相當複雜的組合,早已非往昔以教授、學生與行政官僚為主之三角關係可以來囊括了。但是,再怎麼複雜,教授、學生與行政官僚畢竟還是三個主要的成員。為了方便討論起見,姑且把大學簡化成由此三類成員組成的集體,應該已足夠掌握整個問題的要旨,不至於產生嚴重的扭曲或誤置。

37. 大學中學生自治的涵義和實踐

　　如何在教授、學生、與行政官僚，尤指教務與訓導二方面之間的權力分配與運作尋找妥適的平衡點，可以說是討論理想之大學的最主要結構性議題。以現代社會的基本理念而言，所謂大學自治與學術自由的問題，又是其應當討論的重點。至於，有關學生的問題，討論的範圍大致上則以學生之學習自由權、學生參與大學事務的權限，或學生在校園內的言論與結社自由權為主。

　　綜觀過去已有的文獻，整體而言，有關大學自主、自由、民主化的討論，主要是以教授與行政官僚或與大學外之諸權威體間權力分配問題為核心，學生與校方之權力關係則尚居次要。至於學生自治則仍侷處於曖昧狀態的概念，直接討論到此概念之核心意涵者，雖非絕響，卻也不多見。即便有，亦泰半把學生自治化約成上述之學習自由權、參與大學事務權、言論與結社自由權等來看待。無疑的，這也窄化了學生自治的意涵，無法充分彰顯其所可能具有之教育意義，更無為了讓大學生之社會位階的社會意涵剔透得出來，我們不擬採取預先明確定義「學生自治」此一概念的方式來進行討論。相反地，我們準備先從大學「社區」化之理念來談論學生的位置。如此循序而進，最後才針對「學生自治」做一概括性的說明。

　　大學「社區」化的理念，基本上，帶有懷舊念古的心理情結。而此一心理情結可以說是人類視某種社會型態為理想模式之普遍歷史經驗所促成的。不管人類文明實質上怎麼變遷或社會型態現實上怎樣地發展，人類似乎對上述概念範疇內之「社區」式的生活型態無法完全忘懷。甚至，反過來，視其為最理

Ⅴ 理念之辯

想的社會生活形式。或許，誠如弗洛伊德（Freud）所說的，人類有回歸母體子宮的驅力，而傳統的「社區」生活正是人類歷史的子宮。在此，姑且不去辯論這些問題，我們所欲指出，重要的母寧是，「社區」帶給人的感覺是溫馨和諧、安詳平和，完美，乃至永恆的。對人類生命之「有限」性而言，這是足以讓人充分體會、證成「無限」之成就的具形社會形式。

既然大學「社區」化代表的是人類集體意識與期待的縮影。因此，它甚至可以說是整個教育所欲達致的基本宗旨。傳遞高深之專精知識給學生，除了讓他有謀生獨立的能力外，無非希望透過知識，讓人類的社會史和諧、平和。在此前提下，讓已屆成年之大學生，在受正式建制教育的最後階段裏，有機會學習如何處理自己的事務，以與別人營共同的社會生活。無疑的，對他們未來踏入「社會」後，是否有能力有效地經營「社區」式之社會生活，具莫大的影響力。準此，以大學校園生活做為整個日常生活世界之核心，讓學生於其中學習自治，對貫徹「社區」理念之理想，確實具有極為重要的教育意義。

以上之論述，很清楚地意念著，「學生自治」的概念具有成就「整體」之圓滿性的意思，而此一整體指涉的現實時空主體對象，即校園生活。因此，學生自治的有效指涉範圍原則上應當以校園生活之整體為主。然而，我們已指出，大學校園做為考慮主體，教授、學生與行政官僚之間的權力分配，對任何一方在校園中的生活與角色位置，均有決定性的影響。討論「學生自治」自然不能不關照到此一現象，甚至必須把它當成基本前提來看待。

四、「學生自治」的內涵

在語意上,學生自治乃相對學生應然上或實然上不能自治而言。從展現在學生與教授,或與行政官僚間之權力關係的實際運作情形,亦即實然面來看,學生並不可能完全自治,而必然受到某種程度的約制。事實上,縱然從教育的理念或倫理,或從法律規章的約束──亦即應然面來看,無法賦予學生絕對的自由權利,必要受某種的約束限制,亦具社會性的自明之理,毋需再多加辯論。因此,總地來說,學生自治只是一個相對的概念。其自主性的程度端看各種並存主導之教育理念矛盾與妥協的程度,也視教授、行政官僚與學生三者之間既存的權力實際分配情形和整個歷史背景而定。

為了讓整個討論不至於滯留在抽象面相,缺乏歷史脈動的感觸,以下的分析,假若未經特別說明時,將以臺灣之大學教育現況為基幹來進行。如此,一方面,討論的進行可能踏實些。另一方面,又可以藉理念的鋪陳,對現狀有所檢討。

在六○年代,德國學生提出所謂的「三者同權論」(Drittelparitat),做為學生之學習自由與參與大學自治權力的法律基礎。雖然迄今此一理論並未完全被接受成為立法之基礎,但是,做為探討學生自治的論述起點,卻具有歷史性的意義,值得借用。

以德國的情形來說,「三者同權論」指的是,「學生要求自己形成一個集團而與正教授為主體所形成之集團以及助手及其他人員(成員為何,容有爭議),所形成之集團,具有同等的權利,來參與大學之管理與運作,而享有三分之一的共同決

Ⅴ 理念之辯

定權。

　　以今天許多大學已相當民主化、開放化的情況來對比，這個主張毋寧還是相當前衛的。若與傳統之「特別權力關係說」相比較，則更顯得極端地激進。或許，就教育理念的歷史發展而言，學生是否對研究、教學其他校務應有共同決定權；又，即便給予共同決定權，學生是否具有三分之一的決定權，都有進一步斟酌的必要。但是，這些都不是此時提及「三者同權論」的要旨，可以暫時略過不論。

　　「三者同權論」的主要論據有二：民主原則與學習自由。從民主原則的主張來看，認為大學性質上屬「公法上的社團」，其成員應有平等的社員權，共負責任，也共享權利。尤有進之的是，依照民主原則，同質性原則，和集團間利害互制均衡以為決定之多元主義，學生既然是大學之組成主體，自應有平等參與大學自治之權利。

　　至於學習自由之主張根據則是德國憲法。第一，基本法第 12 條第 1 項規定：「所有德國人均有自由選擇其職業、工作地點及受教育訓練場所之權利」。第二，依基本法第 5 條第 3 項之有關學術自由的規定，主張者認為，一方面，學習自由之意涵及與基本法第 12 條第 1 項規定之選擇受教育場所之權利相一致。另一方面，學習自由意涵，在無科系限制之原則下，學生有聽及不聽課的自由。

　　綜合以上兩大原則的立論，我們發現，以「三者同權論」來肯定學生自治，其基本內涵指向學生之學習自由與參與大學自治之權利。它的特色是，在視學生為一具獨立、自由意志之

主體的前提下，定義其做為大學成員之一，應具有的權利。並且據此闡揚、肯定和保障自由，也讓民主精神得以貫徹。因此，無論學習自由或參與大學自治，基本上，都是以個人權利為考量的出發點，具有濃厚的「保護」意味為重的個人主義色彩。這樣的觀點基本上深具守勢，也是消極的。

以民主精神的歷史傳統來看，強調個人權利與自由之保障一直就是貫穿民主理念之核心。就此傳統，把大學內之學生自治的概念定義在以學習自由與參與大學事務上面，自是可以瞭解。當然，誠如上述，「三者同權論」內涵之激進性格，是否會被人們接受，成為教授、學生與行政官僚之三角關係的定位依據。單就教育理念而言，原就有審慎思考的必要，自然更罔論它直接且正面地向既有的權力分配結構挑戰的問題。然而，毋庸置疑的，此一論點具有幾近全盤顛覆、否定大學權威正當性之傳統論述的作用。這是所以稱之為前衛、激進的關鍵。

社會秩序有賴權威的存在，才得以維持。權威之所以形成，則有賴其正當性形成背後之論述具儷服魅力，當然也賴已形塑成之既有權力位置具有行使規約、懲罰，甚至暴力壓制的能力而定。

教育做為一種權力行使的形式，它表現在教育者與受教者兩者之間的權力支配能力，尤其權威的行使，原就不同。在此原則下，教育有教化與訓育的馴服意涵。諸如上對下、長對幼、有權對無權、有知識對無知識……等具不同屬性者彼此之間的一種權力展現形式。因此，教育可以看成一種非流血暴力的征服形式，其「橫暴」的特質被掩飾在諸如「平和」、「諄諄善

Ⅴ 理念之辯

誘」、「漸進」或「理性」為表象的內化互動關係之中。

權威的形塑乃確保教育具不平等權力支配關係得以維繫，甚至理所當然地被接受的合理化基礎。「特別權力關係」說的理念，基本上即建立在此，強調校方行政當局與學生之間具概括、不對等的權利義務關係，於是校方對學生有概括的支配權力，可不待法律之規定或授權，直接制訂校內規範、限制學生權利、規定學生義務。

現實來看，權威的存在不可避免，甚至被視為「理所當然的」。譬如，教師有選擇教學內容與方式的權利，某個程度內，學生不能反對。只是，現代社會崇尚自由，視個體人格獨立為基本價值，因此，強調個人權利，尊重個人意見。同時，現代社會肯定創新與批判的精神，以科學理性做為建構知識的基石，並視批判為促使知識精進的要件。在如此背景之下，權威很明顯地不是永恆固定，而是必須隨時接受挑戰的。

大學做為創造、披露、批判、修飾與學習理想的場所，無論在教學或學生校園生活方面，給予成員，包含學生在內，最大自由空間之彈性，乃效益法則邏輯內涵的必然要件。就知識說的權威而言，此一法則意涵權威並非附著在教師的角色自身上，而是建立在一套特定的思辯與檢證程序。（如科學方法與邏輯）和具共識、共信，且有懾服魅力的理念與論述上面。教師之角色所以具有權威，乃因其具有掌握此等程序與論述的能力，足以分辨事理，構築人們信服的知識。但是，這並不因此保證教師的知識權威是不可動搖的。

為了維護大學追求理想與從事知識之創新、精進與批判的

精神與功能,教師的知識權威必須有不時受檢驗與否定之挑戰的必要。挑戰是任何人,尤其是組成大學之成員的權利。學生是被教育的對象,況且,學習是一種契約性的權利,學生自然應多賦予挑戰、選擇、批判教師的權利。連帶的,學生也應該有選擇學習的自由。職是之故,教師的權威,在知識上,不是永恆而絕對,它是浮動、相對的,不時接受挑戰。教師的知識權理當被尊重,但這也只有在他展現有被尊重之互為主觀的認知基礎上。西諺有言:「吾愛吾師,吾更愛真理。」正是這個意思。

再說,基於培養獨立自主之人格的教育目標,對已近或事實上已成年的大學生,給予相當自由的空間自行決定學習內容,是理所當然的。同時,站在尊重當事人權益的立場,讓學生參與大學自治,更是具有深遠的教育意義。唯,考量諸多因素,譬如學生角色的過渡性、對專業知識的掌握程度……等,學生以何種方式參與,有仔細斟酌的必要。

廣義地看,學習自由與參與大學自治,可以看成學生自治的內容。不過,倘若以此二方面做為學生自治的核心內涵,則誠如上述的其所具「保護性」意味濃厚的個人主義理念,將窄化了學生自治之理念,無形之中將把可能衍生更具積極意義的深遂內涵抹煞掉,其所凸顯的只是從個人權利出發的消極意涵,這是不夠的。

回顧過去中外大學校園內的學生運動史,學生所爭取的不只是學習自由與參與大學自治,而且包含學生組織團體、邀請講者、發行刊物、傳播個人與組織觀點……等等的自由權利。

Ⅴ 理念之辯

芝加哥大學為學生所印行之「學生手冊」第二部份第 A 項「芝加哥大學學生權利清單」即是一例。此一清單即把學生自治的內涵擴充到學生的整體校園生活與活動。無疑地，這是一具革命性、進步的理念，值得支持。

然而，單以芝加哥大學學生權利清單為例，即足以看出此一更廣義之學生自治的基本精神，事實上尚脫離不了前述以闡揚個人主義為主，「保護」權利為主的理念架構。其所以足資肯定的，乃在於把學生自治的概念，由對學校權威的正式關係（如課程學習與大學行政事務），推展到學生自身之校園生活與活動的範疇。這樣的自治概念很明顯地，是涵蓋了學生所有的校園活動範圍，具有整體的意涵，但基本上還是剔透不出學生自治所可能衍伸的積極且豐富的內涵。

根據「特別權力關係」的傳統理念，校方對學生有概括性的支配權力。此一權力之正當性，與傳統「教化訓育」的教育理念有著密切的關係。學習意味著向權威、既有體制、規範低頭。這樣的教育態度在專制威權的社會裏特別地被肯定。「特別權力關係」說，乃成為威權體制控制學生的最佳護身符。臺灣的情形正是如此。

企圖以權利的理念來突破大學行政當局對校園內學生之種種活動所做的箝制，具有顛覆現實之歷史階段性的意義。這樣以權利為基礎的對抗意識，支撐著西方之抗議奮鬥史中，弱勢一方所秉持的正義理念。平心而論，把此理念用為創造性地轉化大學內之權力結構的利器，原是內涵於歷史邏輯中，不可能完全揚棄或跳躍掉的。但是，若始終以權利立場來理解、爭取、

確立學生自治的正當性,則嫌過於消極,未能充分彰顯其所可能具有之積極、正面的教育意涵。

固然我們可以權利的角度來詮釋、闡揚大學社區化之教育理念。但是、這將無法充分披露其所具最高理想性的崇高教育理念。簡單地說,強調「社區化」的教育理念,基本上並非針對知識的傳遞,而是對人與人之間,日常互動的活動本身的某種期待。其實,人們在日常生活中常說的,諸如「促進社會和諧、謀求人類共同福祉」等話,即「社區化」的基本意涵。所以,「社區化」的教育,乃指:日常生活中待人處世與對物之態度的養成。

大學做為一個社區,自有一定之完整的範圍要求,原則上與學生踏入「社會」後所將面對的種種組織或團體是同樣的。對已成年或將屆成年的大學生而言,在其受建制教育的最後階段,教育者實有責任給予學生學習如何獨立自主,並且妥善有效地扮演自己之角色的機會。而「身教」式學習,將十分有助於培養學生未來待人處事、表達意見、應付挫折等方面的能力。倘若校方行政人員一直以長老身份來監督、主導、控制,乃至箝制學生之言行,訓練出來的將是一批幼稚園生。他們溫馴,缺乏主動性與自創能力,善於機械式之制約反應,但卻喪失應對人事的能力。更嚴重的是,如此的教育公式將使學生產生冷漠的性格,喪失了關懷週遭人物的愛心,激發不起對「社會」集體的共識情感。

總而言之,讓學生學習處理自身在校園中的生活,鼓勵學生組織種種社團、透過刊物或演講學習表達自己,給予學生成

V 理念之辯

立團體來處理自己之事物（如學生會、議會、評議會等）的機會等，都是學生自治的內涵。這不是學生的基本權利，更重要的，這是一種教育方式，給予學生機會，培養社會獨立自主之人格，體會尊重別人與自己之尊嚴的重要性，與發揮關心公共事務與別人的情操。這才是學生自治最具正面意涵的積極意義。也是教育之最崇高目的——為人類社會建立既富感性又具理性之和諧互動溝通關係。

五、對當前推動學生自治的檢討

上面的論述很清楚地說明了學生自治的內涵和其可能具有的教育意義。在尊重人權與肯定形塑獨立自主人格是教育理念的前提下，推動學生自治應該是毋庸質疑的目標。其所衍生的問題，諸如學生自治的範疇、如何加以適當的規範，或如何有效地推展落實，都已約略在本文中探討到了。另有一個較為實際，值得關注的問題是：當前在臺灣推動學生自治的困境何在？

在威權體制之運作下，教育成為形塑意識形態的社會機制，「馴化」是其基本目的。馴化，是一種透過權力宰制的方式．有權者企圖貫徹其意志於受制者身上的過程。其最大的特色是同時利用威嚇與內化教育的方式，達到形塑人們的特殊行為模式與意識形態。在此過程之中，受制者基本上並無產生異議的條件，更乏自由發展自主人格的空間。因此，馴化式的教育基本上是單面、服從性的教化功夫，這與學生自治之基本理念，

37. 大學中學生自治的涵義和實踐

肯定獨立自主、平等化權威等，邏輯上是相互扞格，互不相容的。

四十多年來，執政當局一直處於危機狀態之下，它不但面對基本生存的威脅。同時，也因國格地位未明，權力的正當性備受挑戰和質疑。面對著多重的危機，執政當局以威權手段進行馴化式的教育工作，成為維繫統治契機與既得利益的必要策略。尤其，執政當局一直以為，對日戰爭之後，大陸所以迅速淪陷，學潮不斷乃其主因，在這樣的歷史背景之下，執政當局對大學生始終心存疑懼，以之為存在於社會中的不定時炸彈，也是威脅政權最主要之內在性力量。於是，如何穩住大學生乃為最重要的考慮。

穩住大學生其實即如何加以馴化。除了慣用之威嚇與籠絡並濟的手腕之外，從事建制性的控制可以說是馴化的基本工作。四十多年來，執政當局所進行之建制性的控制，設計十分精緻、細密，幾近無孔不入。於學校體制外成立救國團，以娛樂活動來軟化學生心志，同時進行有利之意識形態的灌輸與籠絡基層人才。對大學入學新生，於入學前接受軍事訓練，更具有事先預防性之洗腦作用。於學校體制內，設置軍訓課程，讓軍人介入學生之訓導、管理、或設置國父思想、中國近代史、中國通史等必修課程，無非冀圖奏收行為與思想雙面馴化的效果。在如此細密設計之下，讓學生學習自治以培養獨立自主具批判風格的人格，無疑地正是與有權者之馴化動機背道而馳，不可能容許。因此，基於政治上的考量，教育當局有意或無意安排的種種措施，可以說是阻礙學生自治之推動最主要的結構性因素。

Ⅴ 理念之辯

　　在執政當局精心設計的馴化教育體制支配下，大學教育的宗旨被窄化、扭曲。它被定位成為因應科技發展與經濟成長所需之職業人才的專業知識教育。經濟功利實用化大學教育，表面上具有去政治化的特質，然而，這正是執政當局主導之優勢意識形態得以沈默地偷渡的巧妙設計所在。易言之，去政治化之教育理念正是讓教育當局可以恣意偷渡政治意識形態，達到其預設之宰制目標的有利工具。這是一種以退為進、以無為有、以虛成實，類似孔明之空城計的高明策略。

　　經濟功能實用化大學教育的去政治化性格，使大學生，乃至教授、學生家長與社會大眾，普遍地認為、到大學裏求學，為的是學習到「有用」的知識，以便獲取學位後，得以謀取到適當的職業，繼而建立自己的生活。這樣的職業化高等教育觀本身即已使人們無法體認出，學生建立自主的校園生活才是教育的目的。尤其，在執政當局有意中性化校園，以達到馴化統治的目的之考慮下，讓高等教育職業化，無疑地是有利的策略。於是，學生把大學教育看成謀職的手段，他們以陌生過客之冷漠的態度來對待大學校園生活，任由權威當局專橫的來宰制教育機制而無動於衷。

　　在這樣的情形之下，學生自身並不充分認識高等教育所可能涵蘊寬廣、崇高的理念，更罔論對學生自治有所瞭解、肯定。因此，無法凝聚成龐大的力量來對抗既存體制的壓抑，讓學生有學習處理自己之事務的機會。這些年來，縱然有少數學生體認到學生自治的理念，努力在學校內爭取自主與合理對待的機會，但終因學生群體普遍冷漠，支援力量不足，無法動員足夠

的壓力逼使教育權威體制改革。

尤有進者,自從 1947 年二二八事件以來,執政當局採取高壓手段對待異議聲音,在社會裏製造白色恐怖,許多百姓懼談,甚至自我檢視,懼想政治問題。自己避之惟恐不及,並以遠離政治來告誡子弟。在這樣的氛圍之下,許多學生家長為了珍惜自己子女之前途,莫不極力反對子女參與學生運動。學校當局深知此一普遍之明哲保身的心理,故每於學生對爭取學生自治有所行動之際,動員軍訓教官通知、告誡學生家長,利用親情來阻嚇學生參與。此一善用國人家庭親情倫理來達到政治目的的作法,似乎十分有效,對學生爭取學生自治的運動頗具殺傷作用。

凡此種種結構性的因素,著實阻礙了學生自治的推動與實踐。然而,由於社會民主自由風氣已開,社會裏要求落實學生自治的聲音日益壯大。不少大學因而不得不妥協讓步,讓學生成立學生會,廢止刊物審查制,或允許學生有限地參與校務等。這些開放的作為的確是步向學生自治之理想的必要途徑,原值得肯定。然而,在學生自治日益成形的同時,我們也觀察到一些令人擔憂的現象出現,值得注意。

學生一向被認為天真、純潔,具高度理想主義色彩。學生自治因此基本上被視為是讓純潔之理想主義得以實踐的機會,同時具有淨化社會風氣的教育意義。然而,情形似乎正好相反。社會既已存在的敗壞風氣,反過來污染了學生們的純潔心靈。

學生自治指涉的是校園內學生彼此之間,或學生和校方權威當局相互之間的交往活動。然而,當今社會上任何人際間的

V 理念之辯

互動都必然涉及權力與利益的鬥爭。由於長期來社會風氣普遍敗壞，加以學校教育不足以擔負起振聾發聵的作用，學生普遍缺乏責任意識，更嚴重地染上了社會中的種種惡習。在此風氣所及之下，學生自治無形之中，亦讓學生利用此機會展現出種種惡習。尤其，在政治團體有意介入操縱之下，學生自治變成了學生群體彼此之間從事政治鬥爭與經營利益的場域，也是向政權當局表示輸誠效忠的機會。

雖然整個社會的種種惡習可能腐蝕了學生自治的品質，但是，我們不能因噎廢食而以為此時此刻學生無自治的條件。學生自治在實際運作上產生弊端，不應只歸罪在學生身上，問題的癥結應當在於整個社會伸入學園中的黑手，那些社會中污濁的成年人，尤其是政客。

學生自治所具有崇高‧深邃的教育意涵不能因現實種種不利條件之扞格而被否定，也不能因此而被判定出局。任何教育措施都有歷史階段性。讓大學生學習自治，不論理論上仍有爭議，也不論現階段存在的弊端，都具有潛在的正面意義。唯有貫徹學生自治，此一潛在的正面意義才可能發揮出來。這是我們必須肯定學生自治，而且力主加速貫徹落實的理由所在。

38. 臺灣高教的老靈魂

臺灣的大學和美國大不同

每一談起臺灣的大學問題，素質低落，沒有教育方向，是大家的共同感慨。然後，都會拿美國來比一比。美國的研究型大學的學術成就最高，學院的通識教育最為精緻，美國的私立大學辦得比公立的好，政府的管制最少等等。巴不得臺灣的教改，完全以美國為模子，就解決了所有的問題。

其實，臺灣的教育體系，本來就是奉美國為圭臬，沿習自美國的學制，只不過徒然學得其形骸，卻缺乏其神髓。而且，這樣的差異，不是始自今日，也不在十年教改之前。是從百年前，西風東漸，北洋學堂開辦以來，根底裡就潛藏著「經濟實用、富國強民」的企圖。與美國高教重視通識教育的政策，未必一致。再經過百年來、文化傳承上的歧異、社會發展的落差，乃至人民期待的不同，臺灣的學校體制雖然移植自美國，卻有一顆本土的靈魂，僅複製外貌的結果，就落得今天通識被邊緣化，分科也不專業，兩頭落空的窘境。

臺灣重專業，美國重通識

美國大學最傲人的成就，就在它承襲了西方古典博雅教育的傳統，以七藝，文法、修辭、邏輯、算數、幾何、天文與音

Ⅴ 理念之辯

樂七種學科為核心，透過心智的訓練，來培養公民應具備的知識與德行的素養。一直到十八世紀，經驗科學興起，唯實主義取而代之，專業分科教育才慢慢受到重視。乃至，提升經濟與科技效益成為教育最重要的目的，實證科學主義、功利主義終於成了高教的主流。

　　過度分殊細膩的專科教育，忽略了做為全人的普遍知識，及宏觀的視野胸襟，反而被物化成了生產機器，模糊了作為【人】的生存意義。因此，美國教育界從來也沒有放棄過對博雅教育的堅持。這兩百年間，仍不斷推出「耶魯報告書」、「自由選修運動」、「經典巨著推動」、「哈佛紅皮書」、乃至「核心課程方案」、二十世紀九〇年代「西方文明史」課程的文化論戰。透過呼籲，以做為反省和修正。這些努力，在在顯示即使實用主義當道，強調心智的啟蒙和文化的涵養，還是美國高教的核心價值。

　　事實上，美國研究型大學所以有如此卓越的成績，便是奠基在通識教育的成功上。即使如哈佛、史丹福等世界頂尖，以研究著稱的長春藤名校，不但是從博雅學院發揚茁壯，迄今，他們的大學本科部教育，仍然維持傳統精神，施行精緻的通識教育。秉持的原則，就是先做「全人」，再做「專業人」。

　　反觀臺灣的高教，從滿清末年開辦學堂開始，就以務實、功利的分科教育為主軸。當時就將舊時代、古書院的四部之學（經、史、子、集）改為七科之學（文、理、法、醫、工、農、商），這也是臺大分科設院的系譜，明顯的強調分科專業的特質。後來，各校雖都有共同科目之設，一致且毫無選擇的國文、

38. 臺灣高教的老靈魂

英文、國父思想、中國近代史，以及軍訓護理，充滿了黨國意識型態的強制灌輸，根本談不上是什麼通識教育。

在臺灣全力拼經濟的年代，尤其重理工輕人文，資源的分配嚴重傾斜，人文社會學科，即使作為分科專業的一環，並未得到公平的待遇。基本上，國家的高教政策只考慮市場的需要，甚至要求經建會先做出人力需求的預測，大學系所的增設即以之為指標。可以說，幾乎不曾考慮過以磨鑄人格心智形塑的博雅教育為目標過。

八〇年代，改革的呼聲初起，大學共同科目醞釀廢除。臺大在虞兆中校長的推動下，積極規劃以美國為藍本的通識課程，原本是高教改革的一次契機，卻因政治力的介入，國民黨文、青部門恐懼通識課程開啟青年心智，或者開出在當時不受允許的自由主義的思想課程，將使過去一向所灌輸的黨國意識受到衝擊，而極力阻止。最後虞校長深受掣肘打擊，一任即卸任下臺，通識規劃，虎頭蛇尾，就任憑後來者敷衍了事了。

不過，美國的通識教育，並非只有課程而已，還要輔以教學環境、校園生活，導師制度融合而成。老師不僅為經師，還要為人師。所以要由成熟、資深，大師級的學者做導師來帶領。才能真正啟迪年輕人的心智，形塑健全的人格。

現在，在各大學的課表上，依教育部的規定，通識課還佔有約三分之一的總學分。但經營者為節省經費，大都削減編制，以大量的兼任講師，大班上課，甚至放影片的方式來濫竽充數。學生在不能意會通識的重要，又教學不良的情況下，當然以之為營養學分，並且抱怨連連，認為因此擠壓了他們專業的學習。

Ⅴ 理念之辯

專業課程因此也受影響,真正專業的學習,約略只剩下兩年多時間。更在打混、虛矯的學風下,兩頭都落空,而虛耗了青春。

這幾年,有些學校以大一、大二不分系為號召,企圖加強通識的份量,但是,大都是在同一分科,譬如管理學院或傳播學院下進行,並沒有在跨科際間流動,以致意義不大,目前已經逐漸縮減,幾乎是宣告失敗了。

臺灣重文憑、美國講實力

這麼說,只是一個比較的觀念,並不是絕對的劃分,合先敘明。

中國人重門面、講關係、是根深蒂固的民族性。臺灣人承續這樣的文化特質,當然也不例外。古時候。士農工商,將讀書人尊崇為四民之首,萬般皆下品,唯有讀書高。讀書的確是文人唯一的出路。

其實,透過科舉的控制,馴服者,封官晉爵,榮華富貴。桀傲者,下獄殺身,禍連九族。在封閉、緊密的社會裡,貧苦文人唯有靠著十年寒窗,然後一朝成名,擠入士的階級,做個馴服的士,終而飛黃騰達幾世人。這是當時階級流動的模式,迄今,影響深遠。

到今日民主化的社會,人民已經是社會的主體了,但意識裡,讀書(時間)多,學歷高仍是社經地位的指標,也一直還是階級流動的重要管道。因此,大學雖不是義務教育,卻成了

38. 臺灣高教的老靈魂

人人的志向。甚至從幼稚園開始，就鎖定以考入好大學為讀書的目標。從此，從小學、國中到高中，指考、基測，成績好的就是好學校。什麼教育目的、通識教育、還是專業教育，一概不是思考要點。即使是技職學校，五專、二專、二技都不過是個中繼站，最終還是以上大學為目的。最近的例子，就在教育部擬在指考中，增加公民與社會科目。這明明是義務教育，乃至高中階段，培育現代公民最重要的科目，可是教師和家長團體一致反對，因為會增加考生負擔。我們已經沒有基礎教育，一切都只為考大學而存在。

我們是民主政府，一切以民意為依歸。既然人民這麼愛文憑，非上大學不可，連民間自籌的，彷如早年救國團所辦的各項技藝補習班的社區大學，也強力要求政府承認學分，授予學位。政府樂得不需任何政策，連李遠哲先生的教改會也順應強勢的410街頭運動，大開大學之門，分殊之細，有性別系所、生死系所、銀髮族系所，乃至氾濫成災，不可收拾。這種高教奇譚，卻沒有一個教育官員，需負起責任。

不僅如此，既然人民愛文憑，政府更大方的放送。十年來，研究所擴充至2千多所、研究生超過20萬人。臺灣絕對是國民平均學歷最高的國家。但我們敢大聲的質疑，臺灣果真是最先進、國民素質最高，最有教養的地方嗎？

不只大學部以升入研究所的高升學率為號召，政府還以終身學習之名，貼補時間、金錢（當然是人民的稅金）讓公務員到研究所取學位，即可升官晉薪。改制升格的大學，原來不具備教授資格的教師，只要上個暑期班或函授班，取個學位，就

升等為大學師資。商賈政客亦無不趨之若鶩,以廣結人脈、金脈。還美其名為人脈銀行、人力存摺。在政府推波助瀾之下(現在想想,不也是主其事的官僚在圖利自己嗎?),全民瘋狂追求學位的風氣達到顛峰。詬病多年的文憑主義,政府不但沒有矯正的對策,反而成了虛矯的幫凶。

美國的比爾蓋茲,臺灣的王永慶、郭台銘,還有多少成功人士的故事,都不能打動臺灣人民追求文憑的決心,實在也是政府政策鼓勵的結果。既然 8 分可以進大學,不用考就能進研究所,論文買就有,還有政府大量經費的補助,有了學位,就被政府重用,這麼多好處,為什麼要放棄這項基本權利呢?至於,虛耗了年輕人的青春,折損的國家競爭力,沒有一個政府官員會覺得愧咎的。

相較於臺灣高教的迷盲,美國的基礎教育只求扎下做為民主社會公民的必要知識,高中畢業已能培養出德智體群的基本條件,百行百業聽憑個人自由發展,大多務實的做個中產階級。而在人生漫長的路途中,為因應新時代的爆炸知識,隨時可回學校及社區的短期大學進修。為的是專業的需求或知識的增進,要比文憑的渴求大得多。

美國大學的結構如上所述,是為培養為了追求更高的知識,或將以知識為職業者所設。先以通識奠定做為全人的基礎,再行追求高深的專業。各以才具、興趣和人生規劃,為自己定位,不會全國一致的只想進長春藤名校,或一昧的追求高一級的學位。

美國可以採高學費,臺灣卻不能

美國的大學教育,並不是人人都要拼命追求的目標(華裔美人除外),全然是自己的選擇,也無所謂聯考或以分數排比分發的這款機制。所以可經由市場的自然律來運作。最重要的卻是,美國憲法規定,教育是地方事務,國家不會以全民的錢來貼補,也沒有主管監督的權力。

在臺灣,受教育既然是全民共同的渴望,更是弱勢者階級流動的重要管道,高等教育即使不是義務教育,也成了國家責任。由國家成立的公立大學,不能收高學費,卻由於考試制度的關係,社經地位中上家庭的子女,容易取得入學資格。私立大學收費遠高於公立大學,入學的反而多是弱勢族群,而多元入學以後,更是助長了社會上金字塔階層的優勢,寧不諷刺?

在絕對資本主義的思維下,美國私立大學,擺脫了國家的干預,沒有意識型態的教條,正可堅持教育家之理念。因此,私立大都比公立辦得好。同時,美國私立大學的捐學者,絕少以家產或財團的利益為經營準則,取之於學生,用之於學生。繳昂貴的學費,也得到精緻的品質,全然符合自由市場的原則。以致像 Wesley、William & Mary 等著重人格心智養成的博雅學院,和頂尖的研究型大學,一樣聲譽卓著,歷經百年而不衰。再高的收費,還是有人搶著入學,國家都以之為榮譽標記。

這些,在臺灣是不可能的。不只現實上不可能,只要觀念不改,未來也不可能。

文憑至上、全民受教育的渴望、功利主義、國家獨攬教育的霸權、私校家族化的私心、決策者欠缺宏觀前瞻的視野,都

V 理念之辯

是臺灣教育的老靈魂,包裹它的卻是件精美碩大的斗蓬,披上後,果然不倫不類!

　　五百億就要追求卓越,建立世界一流大學,或者以為加些倫理課程,就能挽救教育沉痾?縱使培植出了一個諾貝爾,又待如何?還是先認清問題的本質,再把脈問診,對症下藥吧!

39. 變革中的大學教育與課程自主

一、大學教育的目的

　　1982 年，臺灣社會的經濟發展已有相當基礎，轉而要求開創精緻高超的文化建設。臺大校長虞兆中先生有感於大學教育的過分專業化，學生缺乏一般的通識能力，眼光過於偏狹，有糾正的必要，乃提出「通識教育」的構思。並因此在臺大成立「通識教育小組」進行研究。且於 1983 年首先推出「社會科學概論」與「藝術欣賞」等課程，進而帶動了臺灣高教界普遍重視通識教育的風潮。

　　教育部隨之響應，於 1984 年 4 月 5 日發布「大學通識教育選修科目實施要點」，成立「人文社會科學指導委員會」，將通識教育正式列為大學教育的發展目標，要求各校開授有關課程，並且規定學生必修的最低學分。

　　自此以後，縱使各大學或許扭曲了通識的精神，或有意無意的虛應故事以致成果不彰。但大學教育的目的，從沿襲二十世紀初期以來，西方將大學定位成培育各行各業，高等專業人才的論點，有所反省。對在不可抗拒的以資本掛帥的時代潮流下，將教育視為達到經濟或政治目標之工具手段，亦有所檢討。

　　一般而言，即使不可否認大學中仍存在著專精與通識的緊張關係，但引進通識教育，轉化大學教育的目的為培養高品質的「人」的觀念，應已獲致共識，較少爭議。

Ⅴ 理念之辯

　　其實，西方的教育哲學在二十世紀中期，即開始有了深刻的反省。1930 年代，美國芝加哥大學在 Hutchins 的領導下，推動西方古典鉅著研習課程，幫助學生統觀認識西洋文化的精髓及永恆的普遍性價值，而使芝大成為文雅教育的重鎮。1943 年，哈佛大學組成課程規劃委員會，設計通識課程，並於 1949 年開始實施，而奪取了美國通識教育的領導地位。

　　但是，經過二十年的試驗，發現通識課程的設計零碎散亂，諸多偏失。當時的哈佛校長 Bok. B 乃於 1973 年任命 Rosovsky 為文理學院院長，重新檢討大學教育的目的，而有「核心課程」的提出。

　　Rosovsky 所提出的核心課程共包括五個主要領域：（1）文學與藝術，（2）歷史，（3）社會與哲學，（4）科學與數學，（5）外國語文與外國文化。每一領域包含 8 至 10 門科目，學生在每一領域至少應修讀 1 至 2 門科目。以完整的學士課程計算，此等通識課程的修讀，已達全部課程四分之一的份量。

　　哈佛核心課程的目的，即在培養「有教養的人」（An educated man）。此亦一般所謂的「博雅教育」（Liberal education），略不同於芝加哥的古典菁英主義，亦有別於日本東京大學的「一般教育」（General education）。然而，不論其核心精神為何？總在培育學生不僅是有能力的工作者、生產者，而且是了解自身與自身、自身與社會環境、自身與自然世界等相互之間的關聯，使學生生活於現代社會而善知何以自處的目的之一。

二、大學教育的理想特質

大學何以要擔負如此的重責大任？本文願從大學與社會的關係談起。

如果我們將社會視為一具主體性的實體，社會便應具有形塑理想的能力，並且能充份且系統地將理想轉化為實踐力。然而，理想來自何處？如何形塑？被誰轉化？答案其實甚為簡單，社會既是人的集合體，這一切的作為，便都是由個體產生，只不過並非社會中的每一個體都具有形塑理想、開發創造的能力，唯有善於抽象思維，並應用抽象符號者能之。

個人所創造、形塑的理想，並不能永久僅貯存於個體之中。尚須傳散出去，透過相當多數的其他人接納，並合乎正當化（legitimatization）的程序，才可能轉化成集體性的理想。也唯有一個充滿理想，進而能改造現實的社會，始能生生不息。

理想，更是被人類視為生存的意義，並用以代表文明是否進步的指標。而大學裏的師生，正是社會中最具創造力和理想性的個體。大學，就現代社會結構的模式而言，是教育體制中最高又是最後的階段，又已是特為設計出來，培育、養護這等人才，建構理想的制度化的場域。因此，大學教育應兼顧通識與專業，便是理所當然的責任。

三、達成大學教育目的的基本條件

人類社會具有理想，既是文明國家的指標，則不僅應尊重並神聖化理想。在制度上，更應營建特殊的體制來從事理想

Ⅴ 理念之辯

的創造、詮釋、批判、披露、修飾與學習等任務。而在一個尊重人權的現代社會裡,以制度化的形式,尤其透過立法程序來保證象徵符號的創造、使用與溝通,被視為確保展現天賦人權不可分割的一部份,也成為界定「自由」的基本內涵。而大學既作為貫徹這些精神的社會機制,賦予充份自主運作的「自治權」,便成為不可或缺的基本條件。大學也唯有在自治權的運作下,才能發揮以知識為媒介來締造、宣揚乃至實踐共同理想的社會功能。

大學享有自治權,是先進國家維護學術自由的必然基礎。雖然我國憲法第 11 條只明定講學的自由,但依據比較法學與法理的推論,學者無不認為講學自由包括教學之自由、研究之自由及學習之自由。而上述自由非藉大學自治之方式無以完成。故大學自治權實已屬憲法所保障的範疇。更輔以憲法第 162 條:「全國公私立之教育文化機關,依法律受國家之監督」。換句話說,國家對大學及其他公私立教育文化機關,都只有監督之權,並無管理之責,同時,行使監督權,尚須有法律授權始可。準此,大學享有自治權,應了無疑義。

至於大學自治權之意義與內涵,依照大學事務的特質,當在課程、人事和經費的自主安排和運作。其中,課程自主,正是本文討論之重點。

四、通識教育失敗的原因

通識教育的理念,自提出迄今已逾十載。雖在教育部通令

39. 變革中的大學教育與課程自主

要求下,各校都開設一些課程提供學生選修。但總體而言,幾乎都未能達到通識的理想。考其原因,除主事者未必能掌握其精髓外,最重要的還是教育部政策之不當,以及大學並未有課程的自主權。

如上所述,無論採一般教育或典雅教育模式所設計出的通識課程,幾佔學士課程全部的四分之一左右。透過規劃完整且系統的研修訓練,培育出具多面向認知,有獨立人格的「人」。然而,教育部在1984年所頒布的「大學通識教育選修科目實施要點」雖羅列了七大領域,卻只能要求學生自其中選修4至6個學分。另外,由教育部在1983年公佈的「大學共同必修科目表」,又強行規定每一學生須必修28學分的全國部定共同必修科,包括:國文,8學分;英文,8學分;中國通史,4學分;中國現代史,2學分;國父思想,4學分;中華民國憲法、哲學概論、法學緒論、國際關係4科中任選1科2學分。另,體育,0學分,必修4年;軍訓,0學分,必修2年。

除此之外,教育部尚訂有各系必修科,平均50學分上下。一個大學生必須修滿128個學分始能畢業。除了部定的共同必修科和系必修科目已達三分之二,系能自訂的科目已十分有限,更遑論學生依其性向、與趣選讀非專業科目,或者通識課程。4至6學分的通識課程要不虛應故事也難。便難怪全臺灣僅有教育部大學,各校根本無法發揮個別特色。大學的自主權,更被斲傷得皮毛都不存。

大學沒有課程自主權,不但通識教育的理念無法達成,大學基本的創造理想、培育全人的期許也必然落空。教育部剝奪

了大學的課程自主權，實為大學教育失敗的主因。

五、新大學法的新希望

大學法自 1987 年醞釀修正，幾經周折，終於在 1993 年 12 月 7 日在立法院完成三讀，並於 1994 年元月 5 日由總統公佈施行。新大學法雖未能盡如人意，但勉可接受。其中第二條明定「大學在法律範圍內享有自治權」，當為最具意義，從此開啟臺灣大學教育新頁的關鍵條文。

過去，縱使憲法有保障大學自治權的規定，無奈，大學法並未貫徹此精神。教育部是完全不顧憲法，全面介入大學各項事務。不但不僅是個監督者，幾乎鉅細靡遺，無所不代學校做決定的管理者。尤其大學校長皆為教育部官派僚屬，由校長在校園內執行教育部的政令，終能暢行無阻，從未遭逢過正面的挑戰。

為了徹底解決「大學共同必修科目表」的非法違憲，學改會曾在 1991 年 4 月，結合了 500 餘大學教授的聯署，向教育部請願，請求廢除該科目表，還大學以課程自主權。惟教育部就此並無絲毫回應。學改會乃又以個人名義，於 1992 年元月及 2 月兩度正式行文教育部，函請廢止部定大學共同必修科目表。教育部乃不得不於 3 月 31 日函覆稱：「經查部定「大學必修科目表」係依據「大學規程」第 28 條訂定；『大學規程』係依據『大學法』第 36 條授權訂定。對憲法第 162 條規定：「全國公私立之教育文化機關，依法律受國家之監督」應無抵觸」。又謂：

39. 變革中的大學教育與課程自主

「複查本部對各大學院校開設部定必修以外之其他科目並無限制；大學教授在校內外講授或研究之科目，各校亦能尊重教師意願，其受憲法保障之講學自由，尚難謂因「大學必修科目表」之訂定，而受侵害。」

姑不論教育部如何偏離主題，故意蔑視教授們的訴求，單以「大學規程」的授權並不違憲的說詞，就嚴重扭曲法律位階的基本常識。「規程」之謂，乃在母法授權之下，做補充母法不足之組織技術上的規定，並不可涉及人民權利義務事項，此屬「法律保留」的起碼要求，在法理上更嚴格要求不得「再」授權。因此，「大學共同必修科目表」僅源自「大學規程」，又超越了母法授權範圍，本就完全不具法律效力，是應該首先加以澄清的。

大學共同必修科目表，在一片改革聲中，終於在 1992 年 10 月有了小幅度的變更。教育部將原來的必修科目，各擴大領域，稍事放寬學生在此領域內選修的尺度。但此改革，完全無助於大學課程的通盤調整，以及全面掌握課程的自主權，對通識目的的達成更無積極意義。

此種違法的情況，終因新大學法的通過而有所更張。新大學法不但在第 2 條明定「大學在法律範圍內享有自治權」。同時廢除原第 8 條大學規程之法源，並於第 31 條改以「施行細則」替代。立法者的用意已明白的昭示，假藉大學規程來違憲亂法，侵害大學自治權的情事，不容繼續存在。大學共同科目表更應隨大學法的修正、大學規程的廢止而完全失效。

Ⓥ 理念之辯

六、課程自主規劃的方向

　　通識教育乃至整個大學教育的失敗,大學未能自主既為其主因。而今,法律上的規範已立,還大學以自治權。社會上要求厲行法治的聲音,也是既普遍又殷切。過去的鴨霸情況應難再現。此刻便正是大學自行從內部覺醒,善盡責任,一改過去學術被政治箝制,重建大學精神的時候。

　　雖然,教育部在新大學法通過後,仍企圖透過「大學法施行細則」影響各校組織章程之訂定,繼續掌控大學之運作。但是,不論教育部宣稱這是國家既定政策也好,或強辯施行細則就是法律也好,依大學法,大學在法律範圍內享有自治權是無可推翻的最高原則。政策須有法律基礎,施行細則是行政命令,都不能逾越法律規定。在無法無天的時代,或可顛倒黑白。而今,既講求法治,當再不容許教育行政體系違法亂紀,濫權專擅。所以,法律上的顧忌和疑慮是完全不存在的。

　　目前,最迫切的當是積極整頓出理想的通識課程。而最重要的,乃是如今通識課程的設計,不能再自我侷限於教育部所規定的 4 至 6 學分的圈圈裡踟躕,終須打開局面,以實踐大學教育的終極目的為目標,至少應該先從下面幾點著手:

1. 各校已設通識教育中心,或尚未設立者都應立即改制為「課程規劃中心」以做全校非專屬系所專業課程全面的、整體的規劃。
2. 現存依「大學共同必修科目表」所強制的 28 個學分,既因該科目表所依法源已廢而失效(其實原本不具法效力),該等科目規劃之初又充滿了政策及意識形態的考量,其存續不但

與通識所要達成之大學教育目的未必符合，又以其所佔時數過多，反而侵蝕了通識的成效。必須先將其全面廢除，再併入通識領域，重新規劃考量。

3. 縱使併合了現行共同必修的 28 個學分，連同通識原有學分，仍不足構成一完善的通識體系。是以，尚須會同全國各院系做科際整合，全面調整大學課程。至於教育部所掌握的系必修學分，既因科目表已廢，大學發展之大勢所趨，教育部必須交還各校自行處理，亦屬當然。

4. 事實上，通識教育推展的困難，乃在師資的難求。尤其臺灣 40 年來教育的偏歧，所培育出的中生代以下人才，多屬專而不博。至於將知識內化為人格的涵養，風格氣度足為青年人之典範者，更如鳳毛麟角。又以普遍推行通識教育，師資的需求量必然龐大，除加緊進行師資的培育外，初期借重於國外已養成的師資，當是不得已的選擇。而建立人才庫，使各校互通有無，亦是促進校際流通融和的好辦法。

5. 課程中心的規劃，應該限期在 82 學年度結束前完成，以便自下學年度開始實行新課程。本來，新大學法於 1984 年元月 5 日公布即行生效。無奈，限於施行細則尚未公佈，各校的組織規程又延宕無期，使得耽擱已久的大學改革，又得頗費周章。其實，課程的規劃並非如此困難，目標既定，又有許多名校的前例設計可循，端看各校實踐的決心，而不容再以任何理由延宕推拖了。

七、軍護、體育的特殊問題

軍護、體育必修 2 年及 4 年，卻無學分，是臺灣大學教育最畸形的現象。軍護、體育必修的依據為「大學共同必修科目表施行要點」。該「要點」與「科目表」同樣源自大學規程的授權。正如本文前述，大學規程不應逾越只得規範程序問題的限制，竟又二度授權不具法位階的內部規則，故意違逆憲法所保障的人民的基本權利，此乃雙重違法。幸而，大學法廢除大學規程，科目表及要點都因而失其依附，教育部應體認時代及社會的變遷，嚴格示範法治教育。若仍企圖以身試法，重施故技，恐怕難為社會所容。

軍護、體育課的必修，純粹是政策上的考量，政治力的不當干預。其中，體育課，既不涉及政治上意識型態的操控，也不過問學生的生活輔導，而任課教師亦都符合「教育人員任用條例」的資格規定，因此問題較為單純。只是應該併入全校課程，通盤規劃，以符教育目的外，較少爭議，本文不擬多論。軍護課程則是大學改革運動中的毒瘤，不能徹底解決，終是大學教育正常化的最大障礙。

軍護課納入大學體系，是 1952 年以後的事。無庸置疑，當時的確是扛負了校園安定，震壓思想的政治任務。因此，除了課程由不具教師資格的軍人來講授外，軍訓教官在校園中還負責國民黨黨務、學生生活輔導、操行分數、宿舍管理等等鉅細靡遺的雜務。迄今，政治上雖早已解嚴，教官的這些任務未曾稍減，反有不斷擴充設備、增添人員，藉輔導人員資格之取得來漂白身份之趨勢。

39. 變革中的大學教育與課程自主

軍護課除了欠缺法源基礎,政治力實際干預學術獨立的不當外,就其課程內容言,軍事教育講求權威服從,好戰殘暴的特質,也與大學教育著重創新、批判、自由的理想性格相背離,和培育人文精神的目的更是格格不入。學生大都被迫於規定,勉強應付。本來,這是一個清楚明白的是非問題,不應該由既得利益者的民意測驗結果來扭曲真理,然而,學生意見的調查,卻是對此門課程最直接的反應,不妨做為其課程效果的參證。

學改會在 1992 年所做大學 4 年級學生對軍護課的意見調查,過半數的學生都認為軍訓教官在校園內不能維持政黨中立的立場,會藉操行評分、預官考選制度,對大學生產生不良影響。絕大多數學生同意大學教育為「文武合一」的教育,但那是指體育及武術,教官也不是適當的執行人選,學校應該延聘有關的專業輔導人員、軍事學專業教師以及增強警衛或保全體系,會比教官擔任該等職務更能適任。

臺大學生在 1993 年 12 月 28 日舉行校內公民複決,在 5,500 餘學生投票的意見中,有 85.74% 贊成將軍護課改為選修,僅 11.28% 反對。而政大新聞系在 1993 年 12 月,針對北區 7 所大學學生所做的問卷發現,有六成五的人贊成改軍護課為選修科目,五成五學生認為軍訓課不合時宜,不能強化愛國情操,也不能力行文武合一的教育理念。至於學生去上軍訓課的原因,有六成八是因為任課老師要點名,一成四是為了考預官需要,而上課時,半數以上的學生都不專心。

軍訓課是在如此強迫性又無效率的情形下進行。護理課上課狀況雖較佳,但只令女生修習,其內容又特別強化兩性間的

Ⅴ 理念之辯

差別待遇，事實上並不妥當，也完全剝奪了學校整體規劃課程的自主權。這種軍權思想在校園肆虐了 40 年後，而今不容再以階段性改革，政策性考慮，對過去功勞的回饋，難以安排去路等等荒誕的理由來拖延規避。甚至以違法脫法的手段，強令教官繼續留駐校園。軍護問題一日不獲徹底解決，大學教育改革的目標即一日未能達成，校園連課程自主權尚且不能把握，則一切改革亦將流為空談。

八、軍護課的解決之道

無論自法令面、教育面來探討，軍護課都應立即廢除。無奈，在黨政軍的強力壓迫下，新大學法在立法院修正，自一讀起就在全部國民黨籍立委的支持下，竟在第 11 條中增列「軍訓室」為與教務處等並列的單位。且在 1993 年 12 月 7 日經立法院三讀通過。當時曾引起議場外關切的大學師生極大的憤怒，一致認為這是大開倒車，惡意將軍護課合法化的技倆。

不過，純然就法律層面來看，新大學法第 11 條的規定雖然極其惡劣，但亦未嘗不能尋覓出一條生機。大學法第 2 條既規定大學在法律範圍內，享有自主權，此便為大學發展至高無上的一項指導方針。軍訓室之設立既只負責軍護課程的規劃與教學，便已轉化為一純粹教學單位。基於大學自治的原則，既是單純的課程，各校擁有規劃的自主權，則透過校內決議，決定軍護課為必修或選修，應是爭取大學自主的第一步。臺大正是以此策略，率先實踐了新大學法的精神。

39. 變革中的大學教育與課程自主

　　軍護課既是校內自主的課程，便應交由課程規劃中心統籌規劃。先研究出為配合各校特色的發展，究須開出何等內容的軍護課程提供學生選修，再依選修的人數決定開授班數，最後依實際需要，聘請具有「教育人員任用條例」資格，得在大學開課的教師來任教。這是最值得注意之處。既是正常課程，依法便要由有資格者擔當，千萬不能濫竽充數，任由過去的教官授課，破壞了大學體制和法律制度。若一時聘不到適當師資，或並無學生選修，則暫時停開亦屬無妨。

　　至於軍訓室的設置，教育部在事後亦發現紊亂校園體制之失當，乃改稱可將之歸併其他處室之下。現今，軍護課依法律既為單純課程，自以設置在教務處之下為宜。過去，重訓教官均由教育部派任，大學並無人事自主權，但新大學法既已刪除舊法上總教官、教官之職稱，又別無其他法律規定。更況，憲法第140條明定：現役軍人不得擔任文官。大學之行政人員之任用，無不依「教育人員任用條例」，或其他人事法律（如人事室、會計室人），或由教授兼任。以軍訓室規劃課程之性質，其主任之職，當然應以校內教授兼任之。

　　軍訓教育所殘留下的學生輔導功能，早就應由輔導專業人員取代。尤其現代校園中學生問題，無論生理、心理都趨向社會化、多元化，只有受過專業訓練的專才，才能協助學生面對挑戰、解決問題。軍事管理，嚴峻權威更是現代教育理念上的大忌。過去的軍訓教官雖累積多年輔導學生之經驗，但其經驗未必可取。惟有在其能通過嚴格的訓練、正當的檢定程序，取得輔導人員資格後，大學自亦不必特別排除之。

Ⓥ 理念之辯

　　值得憂慮的倒是，按臺灣的辦事經驗，透過官方稀鬆的訓練課程，使現任教官輕易取得輔導人員資格，則不啻以學生的利益為芻狗。事實上，教育部軍訓處在一年前即已開始暑期的訓練工程。如何維護輔導人員素質優良，則有賴輔導學界愛惜羽毛，迅速訂定檢覈標準，以免魚目混珠，傷害了大學教育的正常發展。

　　我們了解一時之間要原任教官退出校園，的確有現實上的困難。但此項問題之存在亦非始自今日。解嚴迄今，已歷數載。教育部早該主動為教官歸建或出路加以安排。於今，實難再以之為藉口拖延。若尚建議各校在「組識章程」中，訂定「大學學生事務處」。原訓導處「有關學生」生活輔導及照顧，得聘請軍訓教官擔任，則是逆勢而為，有失教育部應阻止各校逕行違背法律，不符教育理念之舉措的職責，失職違憲，真乃十分不智了。

　　最後，不得不提出者，乃教育部軍訓處不時以男生的兵役問題，或預官資格相脅，又謂美國的 ROTC 等同於臺灣的軍訓制度，實有欺騙世人之嫌。大學的軍護課實與兵役無關，也非修過軍訓課者，即當然可任預官。而 ROTC 更是一種軍方與學校、學生間的契約關係，由軍方提供獎學金，學生承諾畢業後，至軍中服役一定年限的自由行為，受獎學生自有義務在原期間接受相當的軍事訓練。其制度或可採納，但不容與臺灣的軍訓混為一談。其實，不僅校園中的軍事力量應全面退出，為國家資源的合理使用，青年子弟的前途著想，臺灣的兵役制度也面臨全面檢討的時刻，但盼，軍訓課的改制，能開啟軍事改革的契機。

九、結論

　　培育有理想性格、具開創能力、富人文素養的完整人格者，是大學教育所追求的目標。而大學之所以為大，是在其永不懈怠的矜持於思想之自由，學術之獨立。遺憾的是，臺灣的大學，受箝制之苦久矣！早已不復是理想浪漫的殿堂，不過是一座座職業訓練場，文憑掠取所而已。

　　幸而，法律終於還給大學自由的基礎。往後，大學的發展，但看學界中人如何堅持和衛護，再無推拖卸責的藉口。因此，各校不能再有須臾的遲疑等待，應立即依大學法擬訂組織規程，成立課程規劃中心，全面整合大學課程，自我掌握人事權，嚴格要求教課師資與輔導人員的品質。才不負大學在臺灣近年來改革脈動中所該擔當的角色與地位！

Ⅴ 理念之辯

40. 共同必修科與誰「共同」？校長會議決議的商榷

　　教育部透過大學共同科目的制定權來掌握大學教育的實質內涵，是從民國以來就使用且愈形嚴密的手段。在舊大學法時代，教育部規定必修課程的法源，是由教育部在大學法授權之下自行制定的「大學規程」。大學規程僅規定體育、軍訓為各學系之必修科目，至於其他科目，則再從大學規程引申出「大學共同必修科目表施行要點」，由各大學奉行不渝。直到新大學法在 1994 年 1 月 8 日正式施行，大學規程隨之廢除，「共同必修科」的餘音卻仍在校園中盪氣迴腸。

　　共同必修科的內容是如何味同嚼蠟，淪為營養學分，平白浪費了年輕學子的寶貴青春，壓縮了學術自主的空間等等弊害，是早有的認識。無奈，威權體制給予校園的壓抑根深蒂固，縱使「共同必修科目表」的法律依據不足，大學規程已超越大學法的授權，更有違憲法保障講學自由的精神，卻在保守的氛圍裡難以撼動絲毫。

　　為了爭取課程的自主權，民間倒是極早便開始在積極的奮鬥。除了 1989 年 6 月，有各大學 800 餘教授簽名連署，向立法院請願全面修改大學法外，完全針對大學必修科的議題，亦曾做不斷的努力。1991 年 3 月，由大學教育改革促進會發起，有 500 位教授發表聲明，要求將必修科的制訂權歸還各校，並反

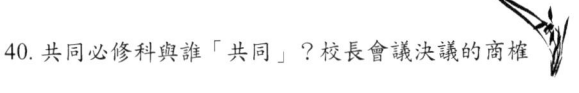

40. 共同必修科與誰「共同」？校長會議決議的商榷

對教育部指定零學分的體育與軍訓為必修科。

不僅如此，為了徹底挑戰科目要點的非法性，雖然明知在法律上，因缺乏當事人適格，和非行政處分並不能作為訴訟的標的，我們（學改會當時的常務理事，劉源俊、王九逵、邱守榕、莊淇銘及本人）還是在 1992 年 4 月提出訴願、再訴願的行政救濟程序，以突顯法律上的缺漏。當時的最終目的是期盼能經過大法官會議解釋，確定大學規程及科目要點的違憲。這項行動直到制定了「大法官審理案件法」，立法院得經由三分之一委員的連署，提出聲請解釋案，而在 1994 年 12 月由翁金珠等立委，為我們達成了願望。

教育部對這一連串的民間籲求所做的回應，首先是在 1990 年 7 月，由共同科目表修改委員會第 3 次會議決議，政府自民國 80 學年度起將 4 學分的「國父思想」課程，更改為「憲法與立國精神」領域。其他國文、外文及本國歷史亦改為核心課程，各校得在此領域內開設科目群提供學生必選。此項改變只不過稍事鬆綁已經僵化的 28 個學分，讓學生有多一丁點的選擇空間，但在大領域內，仍脫不出教育部掌控的緊箍咒。即使如此，仍引起國父思想基本教義派教師的一片撻伐，以致拖延到民國 82 學年度，才能付諸實行。

新大學法施行後，明定大學有自治權。大學規程隨之廢除，連非法的依附亦告消失。按理課程的自主權，應從此歸還學校。然而，教育部並不願撤出其校園權力，乃在大學法施行細則中創設出所謂「校長會議」，將教育部的意旨經由該會議予以貫徹，終而有「共同必修科維持原領域，開設科目及學分數由各

V 理念之辯

校自訂,然每領域不得少於 4 學分,總計不得低於 28 學分」這樣的規定。

校長會議的決議了無新意,不過將既存現實和具正當性的理想規劃,再做一次和稀泥式的折衷,並未能展現作為一個校長所應具備的教育理念及宏觀氣度。譬如軍護課程改為一年必修,其法令依據何在?教育理論是否融貫?對學生權益利弊如何?幾乎全無交代。據說校長們考量的重點僅在:如果軍護改選修,教官人數遞減,則住校值勤、協助處理學生事件的工作由誰取代?只不過為了牽就現實利益,竟可不顧由軍人擔任學生訓輔工作所產生的反教育效果,及教育資源的錯置。如此沒有原則的決議,難怪要招致臺大、清大等校長對其效力的質疑。

共同必修科之所以要由各校自主,不僅涉及學術自由的基本理念,重要的還是讓各校能有更大空間,就通識教育做統籌的規劃。領域的強制規定,事實上便侵犯了各校的自主性,壓縮了通識教育的完整性。

校長會議的法源是大學法施行細則,該規定既非強制性規定,且正由大法官會議審議其是否違憲中。臺大經校務會議,決議軍護課改為選修,共同必修科則自行研擬。臺大校長亦一再保證,臺大會以校內決議為準,清大沈君山校長更直言,校長會議的效力不大,清大自有對策改軍護為選修。這才是大學校長最起碼的風範!

41. 平心論軍訓教官之存廢

　　日昨臺北市議會民進黨籍議員,在議事堂上作弄高中教官,令其當場操練基本動作。此等無聊、突兀的議事態度,不但是對教官個人人格的污辱,且招致不同意見者情緒上之對立與衝突。對問題探討、體制改革造成負面作用。辱人辱己,民意代表議事風格之低落,實已到達了不忍卒睹的地步。

　　教官存在於校園始於抗戰時期,當時固有其時代背景及需要,然而時移勢遷,在臺灣解除戒嚴即將廢止動員戡亂之此時,軍訓教官仍繼續在校園中擔任維安工作,則實在有違教育體制。並違反憲法「現役軍人不得擔任文官」的規定。甚至教育部內設軍訓處,亦是違憲的處置,在國家厲行民主憲政的精神下,都應做徹底的檢討和糾正。

　　平心而論,教官在校園中的確能為學校處理許多雜務,分擔些勞累。以致贊成教官留在校園的人士,總喜以感性的口吻,感謝教官個人救災濟難的恩典,是其最大的理由。然而,我們強調反對軍訓教官繼續以現任軍人身分擔任教育訓導工作,絕非關涉個人之善惡。乃係除了此項辦法違反憲法,涉及制度之良窳之外,以非專業、不適格的人在校園中活動,造成教育的反效果外,對學生獨立人格的培育更有莫大的傷害。

　　縱使現在的教官不敢像過去一般,公然強迫學生入黨、監控師生思想。但長期來的陰霾既存,對學術自由的威脅也唯有在教官全部退出校園後才能獲得保障。至於軍事課程之存廢,

V 理念之辯

則依市場供需及教育理念,由各校自行開課,聘請有資格任教人士擔任,才是正本清源之道。

　　私校校長及家長堅持留住教官在校園,固有其自利的理由。前者由國家出資為其增加人手,擔任許多雜務,訓導工作亦可推諉出去,自有其樂也。殊不知因教官享用教育資源,造成真正教育人員被排擠,校園中暗藏著相互之敵意,造成不和諧之氛圍。後者更是長期依恃於父權社會,威權統治下的反應,以為子女在學校有教官以軍事方法管訓,即可懲治頑劣,父母得以高枕無憂。不去考慮應給予子女健全的人格教育,培養獨立自主的能力,惡性因循的結果,形成了今日教育病入膏肓的沉痾。

　　軍訓教官個人何辜?只為了體制的謬誤,或成全統治者監控的陰謀,或個人較佳的物質待遇,便得擔起受人歧視、遭人辱罵的罪過?軍人神聖的天職在保家衛國,於今淪為在校園中供人驅使的雜役,情何以堪?縱使只為了維護軍人的尊嚴,讓軍人回到他原來的天地,由輔導專業人員在校園中擔任輔導工作,各得其所,各就其職,豈不善哉!

42. 凍結軍訓教官員額完成階段性改革理想

　　前兩日民間教育團體回應教育部所發表的教育報告書，普遍對教育部改革教育的誠意提出質疑。郭部長以兼顧現實，各種改革都應以階段性進行來回應。或許在小班小校、廣設高中大學的訴求上，可以得到某種程度的認同。唯獨在一天半的會議裡，一再被提到的軍訓教官制度，卻看不出有絲毫進展的跡象，反而有愈形穩固，有可能轉化為體制內一環的趨勢。

　　軍訓教官進駐校園，是戒嚴時期的餘毒，主要用處乃在監控師生思想言行，以鞏固校園的安定。而今時移勢遷，當年的作用不再，而國防部卻不肯收回其長存於校園中的利益，藉口教官擔任的訓輔管理工作，無人可以取代。或者基於全民國防的需要等之巧辯，還在不斷修改內涵，擴充編制，全然並無撤出的打算。

　　由軍訓教官擔任學生訓輔工作，其所以不適當，是軍人講究服從、權威的劃一性格，恰與教育所要求開放、獨立、尊重差異的理念完全杆格。對正成長中青年人格的形塑，與時代的開創性不合。面對質疑，教育部竟去洽商政治大學、臺北師大、彰化師大和高雄師大的四所教育研究所，開設專門以教官為對象的學士學分班，以每期6週，連續4年，給予20個學分的方式為教官再教育。

Ⅴ 理念之辯

　　為保障 4,000 名教官的既得權益，而不惜再次動用教育資源，排擠其他真正該受教育學子的權利，恐怕會產生反教育的效果。尤其，輔導專業的養成須經長期的培訓，使專業特質潛移默化，徹底融入個人性格。從事青少年的輔導工作，最基本的人格特質必須具備耐煩、體貼、同情、機變的溫柔特質，同時對青少年文化不但有認同，個人也同樣具熱情、活力和理想性。絕非短期上課，即能脫胎換骨轉變得來。硬生生的要將一個中年人強行轉型，毋寧也太過牽強！可見，這只不過是教育部為杜悠悠眾口，所想像出的變通辦法而已，並不是教育部所謂的階段性改革，也只是一時的搪塞之計，恐怕根本就無意願徹底將教官撤出校園，歸建軍中。

　　至於，軍事學應否為大學中的一門學問，與目前軍訓教官的制度，是毫不相干的兩碼子事。只要有學術價值，只要有學生願意修習，則不論其身份為何，只要具有教育人員任用條例的教師資格，便可受聘在各級學校授課。軍中不乏學養俱優，獲有各種學位之人士，若能取得教師資格，在大學授課絕不會因其軍人身份而受岐視，但是若僅依軍中的階級，即比照為教授、副教授，領取遠較軍中和學術界優惠的待遇，甚且企圖以大學法第 18 條所稱的「專業人員」混跡大學之中，大開特權之門，對現已上軌道的大學聘任制度，將是莫大的傷害。

　　在一天半的會議裏，家長無語問蒼天的哀怨，改革者的迫切期待，郭部長都應感受到了。面對累積幾十年的沈痾，就算大家能暫時按耐下焦慮，配合郭部長的現實考量，則教育部也該具體展現階段性的作為。就解決軍訓問題而言，立即凍結軍

42. 凍結軍訓教官員額完成階段性改革理想

訓教官的員額，遇缺只由具專業資格和能力者擔任學生輔導和宿舍管理工作。現已補貼私校的龐大教官經費，仍應如數撥下，但應以補助專業輔導人員為限，惟有如此才能重建教育單位的誠信，呼籲全國人耐心共為教改來努力。

Ⅴ 理念之辯

43. 軍訓教育總體檢

一、前言

　　軍訓教育是臺灣特有的制度，其他國家無一可以比擬，連中國以黨領政，都不會讓軍人進駐校園。雖然，這個制度起源於對日抗戰時代，但將其發揚光大，並鞏不可撼，還是國民政府到臺灣來以後的事。從人員的擴充、經費的增編、職權的加強，幾乎成為高中以上校園中不可或缺的一部份。直到這10年來，民主意識抬頭，改革風潮自社會各個角落刮起，校園更是首當其衝，成為改革的急先鋒，軍訓制度自然也就成為最先被檢討的對象。

　　軍訓不單純是教育的問題，還牽連到無比龐大的軍事體制和力量，所以儘管改革的聲勢浩大，從校園到社會；從抗爭到法制的修訂；再從校園透過校內機制，將軍訓課程改為選修後，回到社會。鬥智鬥力，耗盡心機，卻效果不彰，都無人理會。

　　不但，軍訓教育未能真正回歸到教育體制，甚且將軍事力量另行包裝，以不同的面貌，盤據在校園之中。而且為了能繼續存在於校園，不惜違逆軍訓的本質，轉化出不同的功能。從思想的箝制、校園安定的控制、及校務的干預，改變成校園安全的維護、輔訓體系的參與。角色完全混淆，非驢非馬，對教育，對國防，反而可能造成更大的傷害。

　　遺憾的是，自從大學法通過，臺大又率先將軍訓課程改為

選修後,似乎所有的問題已獲解決,便不再受到社會和學界的關心。連由李遠哲院長領導的教改會都避之不談。大學部份或許可以期待著大法官會議的解釋來解開疑惑,但高中的軍護課對成長中的少年影響更大,卻沒有任何的反省和檢討。其實,軍訓問題未能全然釐清,便代表著整個教育體系的自主性和獨立性,並未受到尊重,卻侈談教育改革,終究是不能令人樂觀的,更何況其間還涉及國家整體政策,還有國防問題。

二、軍訓制度的法源

軍訓制度的建立從來就沒有過正當的法源,絕大多數是以令代法,由行政機關的恣意,便宜行事。即使到六〇年代將軍訓一詞硬生生地鑲入了大學法,但重要事項仍然以命令行之。甚且,大學法的規定也是違憲的,已由大法官會議做出解釋。從這一路走過來的法令軌跡,我們正可以從其中來檢視軍訓制度是如何開始、發展、和擴張成今日的局面的。

(一) 來臺前的軍事教育

軍訓教育從 1928 年,全國教育會議通過「中學以上學校軍事教育方案」,開始在中等以上學校正式實施。在此時期,北伐剛完成,又逢濟南慘案發生,國家正要開始抵禦外侮。所以,引進軍訓,除講授學科外,主要著重於制式教練、戰鬥教練、及各種演習。其目的在於培養軍人堅忍與愛國的氣質,及革命情操。

Ⅴ 理念之辯

1937年,抗戰爆發。教育部與訓練總監部共同制定「高中以上學校學生戰時後方服務組織與訓練辦法大綱」,加強與戰事有關科目之訓練。1939年,國防最高委員會修訂「高中以上學校軍事管理辦法」,至1941年,才全國普遍推行軍訓。當時全國皆兵,甚至號召青年從軍,在校園中推行軍訓,亦理所當然。抗戰勝利後,學校軍訓即予改變,雖仍維持,但已名存實亡。

(二)在臺灣的軍訓教育

政府遷臺後,有鑒於大陸的失敗,多肇因於校園的動亂,因此決定恢復學校軍訓教育。1951年,由國防部擬定「臺灣省中等以上學校軍訓實施計劃」。再由教育部公布「勘亂時期高中以上學校學生精神、軍事、體格及技能訓練綱要」。這些都是行政機關的行政命令,並無法規範的拘束力,但還是經總統指示「民國41學年度,普遍實施高級中等以上學校學生軍訓」。雖然,當年因準備不及,暫緩施行軍訓教育,但從此開始預備軍官訓練,中國青年反共救國團也於此時宣告成立。1953年,行政院頒佈「高級中等以上學校學生軍訓實施辦法」及「專科以上學校學生軍訓實施辦法」。1954年,國防部會同教育部頒佈「專科以上學校學生軍訓教育計畫」、「軍事管理實施辦法」、「軍訓教員服務規程」及「專科以上學校實施軍訓有關人員權責劃分與配合要點」。全面開始學校的軍訓教育及生活管理。

1960年,軍訓移交教育部軍訓處主管。此後,教育部在1973年頒佈「高級中等學校學生軍事管理實施辦法」,及與國

防部合頒「高級中等以上學校軍訓實施辦法」，並逐年訂立「學校軍訓實施要項」作為實施軍訓教育的準繩。特別要指出的是，以上所有的規範都是教育部和國防部的行政命令而已。（張則周：軍訓的存廢及軍訓教官的定位，臺灣高等教育白皮書，179頁，時報，1993）

三、大學法的規定

軍訓教育正式進入法的層級，還是遲到 1972 年修訂大學法，加列『大學置軍訓總教官……』的條文，並規定教官參加訓育委員會。至於，教官評學生操行成績、生活輔導組主任一定由主任教官擔任、總教官兼副訓導長、私立學校的教官經費，一律由政府支付等規定，都還是由各種命令來貫徹。

1982 年，再修大學法，明定軍訓教官及護理教師除擔任教學外，並協助輔導工作，且增加總教官參加校務會議、行政會議及教務會議的規定。

1994 年，新大學法通過，增設軍訓室，平行於教務處及學生事務處，只負責教學工作。既是單位主管，自然得以參加校內的各項重要會議。至於主任的選任，則由「大學法施行細則」規定，由教育部推薦職級相當之軍訓教官 2 至 3 人，由校長自其中遴聘。

縱觀軍訓教育的發展歷程，起初是因為國家在戰爭期中，有現實上的需要。國家法制也不完備，因陋就簡，只以命令形式出之，倒也罷了。但當軍訓教官的職權不斷擴大，社會越趨

Ⅴ 理念之辯

民主之時,還以令代法,就徹底違反了法治精神。其實,以大學法來強制設軍訓室,並由教育部來遴選軍人充任大學行政主管,已違背憲法保障學術自由,以及現役軍人不得擔任文官的規定。而在連大法官都在 1998 年 3 月 27 日,以 450 號解釋,宣告:「大學應設軍訓室並配置人員,負責軍訓及護理之規劃與教學,此一強制性規定有違憲法保障大學自治之意旨,應自本解釋公布之日起,至遲於屆滿一年時失其效力。」所以,軍訓教官還在校園,完全沒有法律地位,只不過是學校自行的決定。

軍人在一般大學中授課,必須具備法定的教師資格。現役軍人在校園中,擔任其他專任職務,領教育部的薪水,問題就很嚴重了

四、軍訓教育的時代荒謬劇

(一)軍訓教育的歷史任務

毋庸諱言,軍訓教育在創建之初,是為了軍事的目的。到臺灣後,就改以政治目的為主,軍事為輔。當時固然是因為丟失了大陸,痛定思痛的反應。但主要還是在鞏固不穩的政權,防堵任何可能的動亂。尤其具批判力的知識分子,是所有統治者的大忌,更何況正當性都受質疑的政權?所以臺灣從四〇年代展開的白色恐怖,一直延續到七〇年代。校園中則藉安定之名,嚴厲控制思想的單元化,教官是負責此項政策的工具。甚且黨政合一,把極權統治帶到校園,而達到極致。

教官在校園中掌控思想，監督師生的言行之外，並介入校務的運作。在黨即是國，即是校的時代，校長是國民黨校支部的主委，總教官絕對是其中最重要的成員，各主任教官及系教官又一定是院或系學生黨部的指導者。事實上，校內的重要決策，大都是在黨的會議中做成。不只大學沒有自主權，校務會議只具空有其名的形式，連校長既是官派，一定要由忠貞的黨員出任，恐怕也沒有多大的決策能力。

　　教官還不僅透過黨會影響校務，更是明目張膽的參與校務。軍訓總教官從 1954 年就兼任副訓導長，主任教官兼任生活管理組組長，再進而參與校務會議、教務會議、訓育委員會……等等，而參與校務的決策。此外，教官並常藉由生活輔導、宿舍管理、約談學生、幫辦黨務與團物、輔選校園社團公職等服務，實際介入校園中的各類事務。（林佳龍：剖析大學的權力結構，大學之再生，88 頁，時報，1990）甚至，陳維昭任臺大醫學院院長時，連行政會議都委由總教官代理，可見水乳交融，教官在校園中無所不在。

　　這些歷史性的作用，迄今政治性功能雖已相對減低，介入校園事務則美其名曰：服務。臺大在修訂組織規程時，就由軍訓室主導，竟訂出教官在校園要從事軍事訓練的條文，大開時代倒車，莫此為甚！

（二）**轉化出的新內涵**

　　社會環境改變，政治日趨民主化之後，再不容許透過軍訓教育來發揮過去那些監控思想，維持校園安定的功能。可是，軍方介入校園已形成一股既得利益，軍訓教官如果輕易撤離校

Ⅴ 理念之辯

園，勢必引起骨牌效應，對之極為不利。而且，源於結構上的惰性，既得利益者會盡一切力量來頑抗改革的思潮，這也是可以理解的。此所以教育部進而把軍訓教育的功能轉化出新的意涵，只要能存在於校園，也顧不得和教育或者和軍事是否扞格不入了。

1. 全民國防

　　長久以來，軍訓教育的存在，就標榜是一種文武合一的愛國教育。1928年創建當時，以至後來一長段時間，國家本就處於內憂外患的戰爭狀態，因此更容易附會成全民國防的概念。到臺灣來後，早期的確風聲鶴唳，情勢緊張。但在局勢逐漸穩定，長期戒嚴，憂患意識已呈現彈性疲乏之後，軍訓教育的功能便轉化成較單一的思想監控。不過，近年來兩岸關係時弛時緊，再經過最近的飛彈威脅，文攻武嚇，全民國防的要求，便又成為軍訓教育的護身符。教育部更提出「教育即廉價國防」的說詞，真正是自失立場，對教育做了最大的污蔑。（1995年2月，教育部編印：中華民國教育報告書，163頁）

2. 校園安全

　　過去，軍訓制度在臺灣擴張，最重要的目的在維持校園安定，以防止文人造反。當時有這麼一說，戰爭的前線在金馬；思想的前線在臺大。尤其國民黨政府丟掉大陸之後痛定思痛，認為都是知識份子搞亂所致，用軍事力量進駐校園，便成為控制校園的最好手段。

　　社會民主化以後，軍事不得再行干預政治，但這不過是理論而已，現實上，早已進駐校園的軍事力量卻不願輕易撤出，

乃順應社會的改變，抽離政治和思想的層面，搖身一變，成為保護校園安全，自喻為 24 小時全天候的警衛尖兵。

3. 輔導訓育

由教官擔任校園輔導訓育工作，是在 1982 年才加入的項目，迄今反倒成了最重要的功能。雖然大學法並未將之納入為軍訓室的業務，但各大學竟以組織規程授與教官此項應屬專業人員的職責。例如，臺大組織規程將軍訓室分為教學研究、學生兵役服務及服務三組；中央大學組織規程則規定軍訓教官及護理教師得受聘協助學生事務工作。這還是最保守的做法，其他學校則明白規定教官擔任輔導工作。這也是長期來由軍系擔任輔導工作，一時之間難以轉換，也沒有充裕的專業人員可資替換所致。

教官現在在校園中的工作，的確以輔導為主。不過所謂輔導工作，是指：疾病照料、急難救助（車禍、運動傷害、性騷擾、失竊等）、個別訪談、轉介服務、意外處理等。依據臺大軍訓室自行統計 1994 年 10 月至 1995 年 12 月的工作績效，共做了 727 件成果，其中光是個別訪談就有 488 件，值得玩味。

（三）轉化的手段

自從軍訓教育受到廣泛的質疑以來，教育部就積極轉變教官的形象。不但在內容上強化服務，反而更增編經費，擴充設備，還建立全國的電腦連線。但在軍護課在臺大改為選修後，軍訓的勢力在大學中，到底受了相當大的衝擊，就更需要用下列吸引人的手段來獲得青睞。

Ⅴ 理念之辯

1. 兵役的牽制

由於國防部規定大專生必須修習過軍訓課程，而且成績必須總平均達 70 分以上，才能報考預官。甚至從 19995 年 9 月開始，原來可直接擔任預官的研究生也必須參加考試，使得大專畢業生要當預官，除了選修軍訓課外，別無它途。此所以臺大在八十四學年度，選修軍訓的大一男生，高達 91.6％，女生則只有 4.2％。二年級男生是 80.8％，女生則只有 2％。

2. 柔性的掩飾

為了軟化軍人剛烈，與校園重和煦，講開放的氛圍格格不入的形象，教育部乃進用較高比例的女教官，企圖以媽媽的氣味來迎合家長的心意。同時，教官也不敢對學生做嚴格的要求，甚且以放縱、包庇來討好學生。教官，無論男女，都包裝成了溫柔的保姆形象存在於校園之中。

（四）轉化的批判

無論如何的包裝，軍人的特質是不會改變的，不然也不叫「軍訓」，也不需要國防部參與了。倒是橫柴入灶，強勢扭轉，對教育、對學生、乃至對教官個人，恐怕都會產生顛倒錯置的危機。

1. 軍訓全然無關全民國防

不用說今日軍訓教官在高中以上的校園裡所擔任的除了教學課程外，都是輔導照顧的保姆工作，根本無關乎國防問題。也許高中生去打靶，大專男生上成功嶺勉強搆得上軍事訓練的邊，但再也沒有其他更具體的做法。

其實，以現代科技的發達，早已不是傳統戰爭的時代。全民固然要建立戰爭的憂患意識，過去那種全民民防的觀念，早就不合時宜。而如此先進的軍事科技，絕不是以目前這麼稀鬆的軍訓課，和這等的師資可以擔當的。把軍訓教育定位在全民國防上，實在是太過言重了。

2. 輔導功能的貽誤

以現代社會的複雜，價值觀的混淆，和巨大的競爭壓力，在在使得年輕人的感情、生活、前途等各種問題，都要由具專業知識和能力者，才能輔導。而輔導人員，除專業背景之外，更有無可取代的特質，諸如，具有耐性、同理心、溫柔、周到等。這些特質正與軍人的剛硬，權威，講究絕對的服從，恰恰相反。一個長期浸染在軍中特殊文化而形塑出的個性，怎麼可能僅因短期的訓練而告脫胎換骨？勉強給與外表的包裝，只會造成人格的扭曲，完全無助於對學生的輔導。師大性騷擾案，因為教官的處理不當，使雙方都受害更深；臺大軍訓室的報告顯示出教官能處理的都是非專業的瑣事，便是明證。

可是，軍訓教官長期佔據輔導的地位，使得專業人員的培養受到忽視，甚至使專業人員沒有出路。待得大學法還原軍訓為單純的教學功能時，又以輔導人員不足，不惜違法違憲，繼續讓教官鳩佔鵲巢。受害最深的還是學生完全得不到輔導專業的幫助。

3. 教育經費的錯置

在教育經費十分充裕的時候，校園裡的輔導體系就沒有受到重視，誤以為由教官即可擔當此項任務。現在更以經費不足，

V 理念之辯

無能擴大輔導的編制,反而因陋就簡,安然的讓特質完全不搭調的軍人來負責關係如此重大的業務。

我們從教育部軍訓處所自擬的 16 大項任務,(1)、學生在公共場所次序與整潔之輔導;(2)、學生安全防護及膳宿之輔導;(3)、升降旗、各種集會及團體活動之輔導與指揮;(4)、學生公益服務及其他各種服務之輔導;(5)、新生入學輔導;(6)、辦理緩徵、延後召集等兵役問題;(7)、學生校外生活輔導及殘障學生之輔導;(8)、學生安全教育之計畫、執行與考核;(9)、學生特殊事件之處理;(10)、學生自強活動的生活照顧、安全照顧;(11)、協助僑生辦理戶籍、保險及出入境事宜;(12)、協助學生辦理急難救助、助學貸款及平安保險等事宜;(13)、二十四小時值勤及校園偶發事件處理;(14)、輔導學生參加預官考選;(15)、辦理大專學生成功嶺集訓;(16)、其他有關學生生活輔導事宜,可以看出絕大多數與專業輔導無關,甚至沒有一樣是堂堂的軍人該去做的。把國家苦心培植的軍事人才用來做這些瑣務,怎能不說是人才的錯置?

私立學校對教官十分歡迎,主要因為教官的薪資由教育部支付,可以節省許多開支。但是,站在國家整體的立場,每一分錢都該用在最恰當的地方。每年十幾億的經費(1996 年教育部補助私立學校軍訓費用為 15 億 3,351 萬元,此項費用,每年還以七八千萬的數目遞增),若能以之聘用專業的輔導人員、保全人員和意外處理人員,定然更能人盡其才,物盡其用,也會使校園中的自殺、暴力、性騷擾事件減少許多。

公立學校教官的薪資則編入學校的人事經費之中。以臺大為例，44名教官，另加7名兼任護理教師（全校2萬多學生，共101人選修護理，卻用了7名教師），一個上校級的主任教官，月支老教授級待遇近臺幣10萬元，還免掉一分一毫的稅金。與部隊中的革命軍人相比，真是錢多事少離家近。這不只是對有限教育資源的錯亂配置，更將引起軍中的不平憤慨，勢必影響軍中士氣。

（五）反教育的示範

為了確保軍訓體制在校園中的力量，教育部不惜違憲引進軍人在部中設立軍訓處，在校園裡成立軍訓室。明知軍訓教官和護理教師都不具在大學任教的資格，卻還不准真正的教師來擔任這些課程，而讓軍方獨佔。教育部成天空談教育重在人格的培養，教育專家呼籲要把人帶起來，卻放縱和教育本質正好背道而馳的軍人去形塑我們年輕一代的個性。尤其可怕的是，在軍中管教頻出事端，令天下父母心驚膽戰的情況下，還把高中時期，心智個性都正在成長發育的階段，交由軍人去訓育，除非我們想將教育也軍事化，不然，還不知有甚麼更應當的理由。

不僅主管全國教育的最高機關，不能堅守教育的立場，對國防部失去其自主性、獨立性，還寧冒違憲違法的大不韙，自是反教育的極致。而教官為確保在校園中的地位，本來就不適任的工作，更轉變為討好的角色，也是十分違背教育倫理的。

Ⅴ 理念之辯

五、護理課程的扭曲

當大家積極檢討軍訓制度的存廢時，幾乎都忘記了軍訓中還有護理課程的存在。到底一般所關心的還是在政治力的不當介入，而忽略了兩性關係在軍訓教育中被扭曲的慘況。軍訓教育最初既著眼於政治力的滲入和思想的監控，當然不能把女生排斥在外，只是基於兵役法僅有男生負有服兵役的義務，又源於傳統男女有別的觀念，以及女人在戰場上主要是扮演救護者角色的社會意義，乃設計出自高中以上的女生，軍訓教育以護理課為主，軍事課為輔的制度。

以教育部的說法，軍護教育都以強國強種為目的，但女生又因其角色特質，必須培養其平時照顧家人，戰時服務傷患。由於近年來，戰爭的氣息越遠，便需要修訂護理教材，增加保健知識，以更合時宜，這就更凸顯了女性刻板的定位。前臺大訓導長黃啟方教授在 1987 年參加立法院為大學法審議所舉辦的公聽會時，說：「每位女同學將來畢業後最重要的是照顧家庭，家庭最重要的是對子女的護理，我相信學校的護理教育應可給她很大的幫助。」（林時機編：大學改革與大學法，第 163 頁，1991 年，正中書局）應該是當時官方典型的心態。

在這樣的心態下，由男性的、以軍方背景組成的軍訓處所規劃的護理課程，其內容便可想而知是極不符合當今兩性平權，及某些領域，必須做去性別化思考的思潮了。更以護理教師的素質良莠不齊，軍護課不給學分，又要強迫必修，效果之差，不言可喻。（劉仲冬：我國大專軍訓護理教育初探）這從臺大將軍護課改為選修後，女生因為沒有兵役的牽制，選修率立即

下降為 2%，可為明證。

可是，高中女生並沒能從此中解脫，仍被強迫接受扭曲的兩性教育。因此，女性學會正努力發起運動，要求：於明年度起，立即廢除現行高中與大學護理課程，並開設符合時代需要之健康教育、性教育與兩性關係新課程以取代之。其理由為，現行護理課程實施健康教育、性教育與性別角色教育，卻由軍方背景之軍訓處負責規劃與教學，敗壞教育體制；而且，對女學生單方實施，違反「男女共學」的教育基本原則，傳遞「女主內」的刻板角色，嚴重違反時代精神。

六、軍護教師的定位

依照「教育人員任用條例」，各級學校教師的任用，各有其該當的資格標準，唯有軍護教師卻自外於國家法制。教育部在沒有法律授權的情況下，逕自頒佈「高級中等以上學校軍訓人員人事管理作業規定」（教育部 78.11. 臺 78 軍字第 53541 號）、「高級中等以上學校護理教師遴派任用遷調實施要點」（教育部 63.7.31. 臺 63 軍字第 20099 號函）等行政命令，來遴選軍護人員，造冊以後，直接交付給學校聘用。我們已約略談過這些人員的特性、素質和校園的氣氛多少有些格格不入，他們也因到底非屬體制內的一員，在校園裡的地位和尊嚴，其實十分尷尬。

護理教師尤其為甚。她們不是教官，沒有軍人身份，所以軍人的優待未必享有，但也未必就是真正的教師。他們之中有

Ⅴ 理念之辯

些只具備助教資格,也有些已取得講師以上的資歷。不過既然任免全由軍訓處控制,便有了行政上臣屬的關係,有服從指揮監督的義務,而喪失了學術的自主和尊嚴。在不是很優裕的條件下,間接的也難以吸收優秀的人才,教學品質當然堪慮。

七、前瞻性的展望:讓教育的歸教育

軍訓教育是時代的產物,在階段性任務完成後,便應該全身而退,留下功過讓歷史去評價。如果一昧戀棧既得權益,頑抗時代的大潮流,則不僅不智,還有害教育及全民國防的正常發展,那還是一種罪過了。

軍訓教育創建之初,全無法律依據。當法治觀念普及後,教育部為了保全軍訓體系,掩飾過去以令代法的不當,積極尋求將軍訓制度法制化。此所以大學法在立法院修訂時,動用了一切黨政軍系統的力量,加入了大學設軍訓室的條文,使得對軍訓教育的改革,功虧一簣。

倒是臺大將軍護課改為選修,起了一些關鍵性的作用,不過也只是對根深蒂固的結構,做些微的鬆動,並未能正本清源。尤其是對青年人格形塑影響最大的高中軍護,幾乎絲毫未曾撼動。甚且有因校園風氣日壞,要加強管理,而有把軍訓下放到國中去的傳言。殊不知整體教育理念的錯置濫用,正是今日教育積弊的根本,只有從類似軍訓這種自觀念到制度都誤導的層面切入來尋求改革,教育,乃至社會全面才有指望。

44. 教授治校與校園倫理

　　校園民主化運動推動這麼多年來，成績也不算不斐然。大學校長由過去只因政策性考量的官派任命，全面改由校園內以民主方式產生；經由大法官第380號解釋，大學課程的自主性得以確保；校園中師生職工的民主意識高漲，這些都是相當具體，且對社會民主化具有相當影響力的。

　　大學既然全力爭取自治的權力，當然也肩負著自律的責任和義務，這應該就是所謂校園倫理的範疇。教授治校與校園倫理，此二者之間相互依存，一體兩面的關係，絕非對立的概念。

　　只是，教授治校的目標，應在研究與教學之學術重要事項。非關學術的行政業務，則非教授所能或所應干預。而學術事項也不是行政人員可以過度涉入的。此間分際的混淆，正是目前濫用民主形式，造成民粹的多數暴力的關鍵。

　　至於校園倫理的維護，既然舊規範已難以順應新秩序的需求，只有重建在校園已民主化之後的新規矩。簡單的說，也就是自律、自重的責任倫理罷了。校園中，做為主體的教師、學生和行政人員各司其職，各盡其分，一切以教育和學術為指標。果能如此，便已十分接近大學的理想境界了。

　　只可惜，理想與現實終究有落差，教授治校成為奪權的手段，校園倫理更須仰賴個人的素質和修養。在我們的通識教育從未成功、社會價值混亂、教授們同樣難以認知是非、甚至沒有辨析是非的意願之下，校園倫理的重建便益顯困難，而與教

V 理念之辯

授治校的理念應合未合,反而予人有背道而馳的錯覺。

校園倫理既是長期的教化工作,在教化初期,透過具體規範的約制,來濡染思考模式和生活價值,是不可或缺的手段。因此導正目前校園中的歪風,首先,仍要從強化法規制度上著手。法規制度的強化,至少有三個方向:

一、大學法的再度修訂。大學法在 1994 年完成修訂之前,正值臺灣社會急速從專權邁向民主的轉捩點上,保守與激進勢力的角逐和妥協下,最後通過的大學法,存有許多矛盾且不盡理想之處。諸如,校務會議的結構、功能,教育部與大學之間的關係、軍訓室的存廢,乃至大學法人化的規劃,現在都該在教育改革的共識下,撇開意識形態的對立,重新仔細考量。

二、自從大學法修訂後,各大學紛紛透過組織章程的訂定,取得人事、課程和組織的自主權。大學組織規程訂定的不妥,空具民主的形式,缺乏民主的內涵,正是今日大學的亂源。大學法第 8 條既規定大學組織規程須經教育部核定後,始能生效,而既是核定,教育部就該認真負責的審核。何況,依照憲法第 164 條,教育部本就有依法監督教育文化機關的憲法職責與權力,推卸不得。

至於教育部的監督是否有礙大學的自主權?此間的分際拿捏,在大學法沒有具體規定之前,只有適用依法(各種相關法律)監督的準則。而且,大學本來只在法律範圍內有自治權,凡是超越法律的部份,都是教育部所該嚴格監督的。甚且,值此需要大力挽救狂瀾的時刻,教育部所要嚴格監督的,不只在組織規程的立法形式,還應導正其內涵的實質。

三、大學內部應制定各種行為準則。目前，至少就校園間兩性關係的釐清、學術標準的建立，都關係到師生間的相處與合作，對學術發展和教育功能都影響極大，真正是重建校園倫理的當務之急。

　　除了法規制度的建立之外，我認為教育部在這幾年來，曲解經費自主的意義，而以要自主，經費就自理，來對付大學。過去，大學因為是官僚體系下的公共營造物，經費的使用分配都依照行政程序，既煩冗費時，亦不符專業的要求。對資源的分配，更難以契合學術發展的需要。所以經費自主，主張的是程序和分配上的釋放，不再由政治力及其他任何非學術理由的干預。

　　至於吳部長上任之初，即提出高中不再分流的政策，甚是明智，但在升學壓力下，恐怕只是虛話。通識教育本就該往下扎根，如能在高中以下階段，便已完成全人格的培養，當不致在大學如此事倍功半的去推動，其實已經太遲。果真如此，大學也不妨只做專業教育，讓不同領域分科獨立，以免資源分派不均的惡性競爭，使人文社會科學的發展空間幾至窒息。當然，這是翻天覆地的大工程，不只課程、教法要做顛覆性的變革，連社會價值、教育體制都面臨變動。這就要期待教育改革者勇於擔當，肯為教育、為校園樹立大是大非的大魄力了。

V 理念之辯

45. 被扭曲的大學自治：從臺大醫院紅包弊案看大學自治的癥結

　　臺大醫院醫師收取紅包的陋規，近日經病人檢舉，成了社會焦點。紅包潛規，其來有自，也並非始自今日。李鎮源院士任院長時，曾圖大力整頓，並因此創設專勤制度，鼓勵醫師教授專職敬業。然而，獎金照領，開業依舊，以紅包決定醫療態度、手術先後的情形更是變本加厲。醫德之墮落，已內化為臺大醫院的傳統文化。有本領收取紅包的大牌醫師，更以競逐名利為能事，其腐化之深，並非內部的自清運動所可奏效。

　　然而，臺大醫院果真在引起社會關注之後，一如往昔，以自清運動做為回應。不但由院內醫師連署表白，還由大老級人物組成諮議委員會進行清理。我們所以對這樣的處置方式不敢寄以厚望，實以腐化既深，恐難有自我再生的能力。而諮議委員不是自身尚有嫌疑未清，便原本就是行政主管，早該基於職權，整飭非法失德，卻延宕至今，才因社會壓力而勉強行之，如何去憾動盤根錯節的惡勢力同僚，反倒要人為他們的安危利害，忍不住捏一把冷汗。

　　臺大醫院的事件由臺大醫院自理，似乎是現今最為流行的「大學自治」的概念。近日來，一連串的校園風波，譬如性騷擾風波，文化大學美術系罷課爭議，臺大洩題疑雲等等，教育部都一概推諉為「大學自治」事項，而置身事外，要求各校自

45. 被扭曲的大學自治

行解決。這種明哲保身的態度,乍看甚為開明,頗符合尊重大學自主的精神,實則完全扭曲了大學自主、校園民主的真諦,恐怕是對近年來校園民主運動的一種嘲諷,對大學的正常發展實有不良影響。

過去在專權統治底下,教育是鞏固政權的工具,學術並不是大學教育的主要目的。因此,爭取學術自由、校園民主成為社會運動大洪流中的重要一環。然則,在長期的體質腐蝕下,縱使新通過的大學法已賦予大學自治權的法律地位,得與憲法所保障的講學自由相呼應。但終究仍屬法條形式,若論具體落實,則同時遭到外來與內在的沈重阻力。

以外力而言,教育部並未有釋放原來監控權力的誠意。對已超越法律自治範圍的校園非法事務,不能善盡憲法要求國家依法律監督的職責,反一昧以「自治」為由來推諉責任。實則,對應屬學術自由領域的課程、人事權力卻緊抓不放,甚且要以「施行細則」來逆法遂行。這恰恰顛倒乾坤、混淆黑白的作法,不只讓校園大亂,還讓人對「大學自治」的精神,因誤解而怨尤,因怨懟而抗拒,終致使得之不易的民主成果亦付諸流水。

就內在體質而言,民主的實踐,須以理性為前提。大學校園在經過 40 年的反向操作及官僚踩躪下,實已失其理想純樸的特質。部分校園中人既已形成另一種形式的既得利益集團,爭名奪利,趨炎附勢,自我本位等劣根性的展現與社會政客亦所別無幾。以這樣的素質和既有之權勢,再享以自治權,其惡質化,直如猛虎添翼,是不足為奇的。

這一年多來,臺大校長、院長選舉的不良示範,以及校園

Ⅴ 理念之辯

中的失序混亂，亦多少有假藉自治之名為之者。這種種驗證，亦是使我們不敢對臺大醫院的自清運動，寄以厚望的原因。

大學自治是回復學術尊嚴，健全大學發展必走的道路。因此，縱使在初期因人文品質的因素而橫遭阻逆，但我們絕不會因此對「大學自治」的理想，予以摒棄而寧走回頭路。我們也深信唯有在堅持此項原則，建立制度之後，才能逐漸去蕪存菁，提昇大學品質，而後才能確立制度的完善。這其間的因果，是我們必須忍受初期陣痛的無奈。

要緊的是，如何拿捏大學自治的分際，教育部管其所當管，釋回大學真正需要的人事、經費、課程在法律範圍內的自治權。而大學更應自重自愛，莫動輒自行招引政治勢力的介入，珍惜得之不易的自主權力。譬如臺大醫院的處理，便應超越本位，回歸到臺大整體信譽、體制和傳統臺大精神的考量，由臺大人，甚至社會力共謀對策，方才不自陷於「自治權」的泥沼之中。

46. 校園民主失敗是誰的錯？沒有後悔只有失望！

要求知識解放，校園自由的大學民主化運動，是臺灣社會民主化中最重要的一支。我和黃武雄等 9 位臺大同事，在還沒解嚴的 1986 年，就在臺大籌組教授聯誼會，以教授參與校務為宗旨。當時的校園，學生爭取言論自由，臺大之愛的活動雖早已進行得如火如荼，可是，教授們在長期的高壓之下，仍噤若寒蟬，更沒有任何教授組織。

我們的活動當然犯了大忌，其間的兇險，直是不堪回首。當時，執政黨知青黨部的主事者，對我們威脅利誘，無所不用其極。然而，在社會洪流的大趨勢下，教聯會最後雖被篡奪而去，我們還能全身而退，還可保留教職，已是大幸。

教聯會事件後，學校民主的種子已經發芽。為了更能推動這項理念，1987 年秋天，我藉赴美哥倫比亞大學擔任傅爾布萊特學人之便，先往柏克萊大學演講，並探望李遠哲先生，尋求他的支援。

1988 年秋天，我回國後，再度結合當初教聯會的幾位同志，全力從制度的改革著手，也就是大學法的修訂。那時，風潮已成，要求建立新大學的呼聲已遍及全臺，因此，乃有 1989 年 6 月 800 多名教授聯名向立法院請願、928 師生首度聯合大遊行的突破，乃至成立大學教育改革促進會，委託立委謝長廷提出

Ⅴ 理念之辯

民間版的大學法,從此展開長達 6 年在立法院的奮鬥。

大學法在 1994 年元月通過施行,主要的重點在還給大學憲法所保障的學術自由,讓大學有自治權,其中包含大學人事、課程、經費的自主。其實,在大學法還未通過之前,臺大就藉著校務會議的決議,開風氣之先,進行校長民選,以此迫使教育部在大學法上讓步。新大學法雖沒有達成教官退出校園的任務,但,立即在臺大校務會議上作成軍護課改為選修的決議,以致有以後第 450 號大法官解釋軍訓室違憲的結果,這都是許多教授長期來努力的成果,臺大始終都扮演火車頭的角色。

這些奮鬥過程的艱辛,當然不足與外人道,辱罵的電話、信函成捆的寄來,黑函滿天飛,也都承受了。令人心酸的是,臺大同事六、七十人,由總教官領銜,以公開連署的方式,對我做人身攻擊,那種痛,至今猶存。直到大法官第 382 號、450 號解釋出爐,才總算吐出了一口冤氣。

臺大負有社會使命,開校園民主之風潮,但在校長選舉上,卻做了最壞的榜樣。校園民主如果承認失敗,首任民選校長絕對是罪魁禍首。臺大校長選舉,在遴選委員會期間就已派系林立,各擁其主,已有人開始發信件推薦拉票。而後,黑函、攻訐、賄選、換票等傳聞不斷,氣氛詭異。最後勉強接受選出的結果,但盼校長能以完成歷史使命為重,不僅為臺大,也為臺灣的大學教育開創新契機。

然而,校長在依大學法修訂組織規程時,便以民粹的伎倆,擴大校務會議組織,癱瘓校務會議功能。有功則攬,有過則推,為了酬庸選戰時的功臣,大量啟用親信,校風已然大壞。尤其

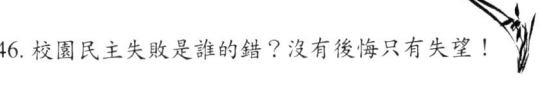

46. 校園民主失敗是誰的錯？沒有後悔只有失望！

不可原諒的是，校長竟在第一屆任期將滿之時，由其任命的法規小組，為其量身製作【陳維昭條款】，延長任期、增加連任次數，就此，校園民主已被宣告夭折。

校園民主是保障學術自由的重要機制，大法官解釋早做明白宣告。不幸的是，一批未曾為校園民主盡過什麼力的人，在享盡校園民主的果實之後，竟來反噬校園民主的不是，意圖復辟。由李遠哲先生領導的教改會，在徒勞無功之後，不深刻自我反省，反來怪罪觀念和制度的推動者，教育改革能有什麼希望？媒體不深究箇中因果，只隨權力者起舞，又豈是媒體的天職？

我所以不辭筆墨，回憶當年爭取校園民主的歷史，本無功可表，也不想推卸許多的指責，只是要表明，即使過程再艱辛，我從沒有後悔過，只有失望！我仍然堅持我的信念，大學自由化是必然的道路。制度何辜？人謀不臧而已！

眾多校長們基於權力衝突反對教授治校，可以理解。但請不要以教授素質太差為藉口。因為，大家所指責的陋習惡風，其實就是由你們這些競選校院長的人所帶進來的，你們才是始做俑者。何況，你們是校園的執政者，只有努力改進校園的品質，沒有抱怨的權力，就像執政黨不能指責黑金當道一樣，因為你就是當道者！

V 理念之辯

47. 評教授治校的荒謬發展

　　報載臺灣大學最近由校務會議通過一項決議，禁止教授在競選期間為候選人站臺。我們不瞭解做出這種決議的理由和討論的過程，只是光就這樣的決議而言，已完全侵害及憲法所保障的人民的基本權利。臺灣大學一向自翊為最高學府，長期來，更以自由學風獨領學界風騷。就連大學校園自主權的爭取，學術自由禁制的解放，也是由臺大少數教授奮鬥得來。而今竟會做出這等違憲又荒謬的決議來，真是令人匪夷所思。

　　教授治校的爭取是對過去學術箝制的反彈，站在學術的立場，確是正當且有其必然性。唯有在大學的課程、人事和經費上能擺脫政治以及其他非學術性的干預，才能建立起學術的尊嚴，自由發展出學術的空間。

　　然而，教授治校並不是簡化的指涉以「教授」階級的人來治校而言，而是指學術的事務，由學術的專業來處理。行政事務自應在校長領導之下，依行政的特別權利關係，由各級行政人員，各司其職，應與「教授治校」的概念無干。自由的概念更不是人手一票，齊頭平等的民粹。這些原本是十分清晰明確的觀念、卻在某些有心人的操弄下，教授治校，才被污名化成今日如此脫序的亂象。

　　教授治校如今被濫用成由校務會議主導一切學術及非學術事務，將行政事務也推給教授；學術專業則職員、工友代表一併參與，真是荒謬至極。所以會如此畸形發展，一則由於人謀

47. 評教授治校的荒謬發展

不臧,二則由於教育部的錯誤態度。

早在大學法修訂的六、七年間,教育部不積極順應時勢的變遷,妥善規劃大學自主後新次序的建立,反而一昧阻擋抗拒,甚至訂出違憲的施行細則,使得有一長段時間,各大學都處於無法律狀態,既無法依據新大學法來制定組織規程,也不能全然依舊法行事。施用叢林法則久了,再好的學風也會敗壞無遺。

尤其,制度是人制定的,只要沒有遵守制度的誠意,任何的制度都拘束不了豎子的野心。而知識份子挾其知識和地位的優勢,玩弄起制度來的破壞力,更是無人能擋。更何況,臺灣的知識份子在長期扭曲的價值體系下,大都已養成現實功利而缺乏理想的性格,一旦圖謀起權位,所耍弄的手段,更是可怕。

臺大從選校長從開始就糾紛不斷,本位利益、意識形態、省籍作祟,選舉惡風充斥在整個遴選過程之中。民選出的校長,兩三年來,不見積極的建樹,更乏對校園民主的推動,卻只見校園內外爭議頻傳。從醫學院院長選舉、臺大醫院紅包事件、研究所招生不公、考試洩題、學生被害、自戕,乃至於近期的教授抄襲、呂安妮事件、學生集體作弊等等都不見臺大校方深刻反省,謀求改進。卻反而在校務會議做出與學術無干,但徹底侵犯人權的決議,不知未參與校務會議的絕大多數教授又該如何去應對這等荒謬的校務會議?

臺大校務會議是臺大當局扭曲教授治校理念的典型產物,以280餘人參加的龐大會議,集合了教員、職員、學生、助教、和工友代表來共商學術發展的大方向。也由這個會議制訂出了臺大的組織規程,校長可以續任十二年,其中只要由校長提出

V 理念之辯

政績報告，經這些校務代表們認可即可。或許禁止站臺的決議，只不過是其中最微不足道的一個小插曲而已。

　　自從大學自主以後，教育部經常以看笑話的態度，凡事都推給各校自理。但是憲法規定國家應依法監督教育機構。大法官會議早已解釋教員並非公務員，更不適用特別權力關係。大學教授只應遵從學術倫理，以專業態度從事教育工作，固然不應一隻腳踏兩條船，同時兼任其他職務。但教授也享有憲法所保障的意見發表、參與政治活動的權利，只要沒有耽誤正常的工作，他人便無置喙的餘地。臺大校務會議的違憲決議，正是教育部應該監督糾正的目標。

48. 超理性的偽理性：
大學法六年回顧

一、序曲

倏忽之間，已經將近五年。

1993年12月5日，立法院門前，學生、老師經過一夜的靜坐示威，大學法將最後定案。還是有學生因不滿兩黨協商結果，撞破了玻璃門，衝進議場的激情抗爭場面，猶歷歷在目。而這部經過多年奮鬥，最終在妥協之下，充滿玄機的大學法，至今竟已實施將近五年了。大學在這部法典之下，究竟有了什麼樣的發展，應該是反省回顧的時候了。

當年，從八百多位教授向立法院請願，要求修改早就不合時宜的大學法，所標舉的基本軸線，就是：【學術自由、大學自主】。具體的主張包括：公立大學公法人化、學校行政及學術主管由校內自行選舉產生、校務會議設常務委員會、組織章程向教育部報備即可、學生應出席校務會議並設權益申訴制度，以及軍事教育納入一般課程，不另設軍訓行政單位。

這些主張如今看來理所當然，在當時可是石破天驚的革命。從民國78年開始，民間的教育團體（主要是大學教育改革促進會）就不斷的以自行向立法院提案、遊說、說明、甚至抗爭來爭取。經過七、八年的折衝，配合社會上民主意識的解放，最後才妥協出85年的版本。其中，大學校長的民選早已在臺大

Ⅴ 理念之辯

透過校務會議的決議，實施在先，教育部已無反對的餘地；大學公法人化，以法律內容尚不齊備為由，始終沒有得到共識，只能以大學在法律範圍內有自治權來取代。事實上，所以能爭取到自治權，還是勉強同意保留軍訓室為條件交換得來的。

保留軍訓室是引起學生憤怒的原因。當時，我們最主要的考量在於保守勢力仍然十分龐大，一時要將軍訓教官全面撤出校園，有現實上的困難。而且，校園的保安體系尚無替代方案。基於學術自由的堅持，教授們其實更在意軍訓課的學術品質，以及教官的教學資格。如果能確立大學的自治權，在課程方面便能有自主性的決定權。

就在大學法通過之後，臺大立即在校務會議中通過了將軍護課改為選修課程，為大學取得課程的自主權，這實在是大學改革繼校長民選之後的另一重大里程碑，而且自發於校園。教育部縱使百般打壓，然校園氣候已成，各校繼起效法，便成了沛然莫之能禦的大勢。

至於其他共同必修科目，教育部透過大學法施行細則，仍規定由教育部邀集各大學相關人員共同研訂。我們認為這是違背大學自治權精神的，因此，積極經由立法院提請大法官解釋，終在1995年5月26日大法官會議第380號解釋，宣告該規定違憲。

而，軍訓室的設立，我們也再度提請大法官解釋，經1998年3月27號大法官會議第450號解釋宣稱：大學法第十一條第一項第六款及同法施行細則第九條第三項明定大學應設置軍訓室並配置人員，負責軍訓及護理課程之規劃與教學。此一強制

性規定,有違憲法保障大學自治之意旨,應自本解釋公佈之日起,至遲於屆滿一年時失其效力。

至此,大學的人事、課程的自主權法制上已趨近完備,軍事力量對大學的箝制亦已解除。甚至,學生透過大法官第382號解釋,對於身分上之懲戒處分,得以司法程序來救濟。而學生自治事項在新大學法中亦有規定。大致上,多年來,民間的努力和堅持,已獲得實質的成果。所餘,便是在大學在享有自治權的情況下,如何去實踐這些理念了。

遺憾的是,我們必須承認,這幾年來大學民主化的經驗,不能算是成功的。

二、民主實踐的反思

臺灣這十年來,最為世人所稱道的,就是所謂「寧靜的革命」。的確,在這麼短的時間內,將十分封閉的威權體制,轉化成民主開放的自由社會,是一項了不起的成就。大學校園的民主化,教育體制的改革,正是整個政治、社會政治和社會改革中重要的一環,甚至可以說,它在啟迪思想、帶動風潮上,更居領導地位。

在專制政權的年代,控制各級學校校園,以鞏固特定意識形態與「淨化」思想,被執政當局用為穩定政權的機器。八零年代,隨著民主化意識的抬頭,民間各種異議與抗議行動不斷地浮現,威權體制乃顯現鬆動的徵兆。但是,基本上,整個臺灣社會還是在威權體制的掌控之下,長期來政治污染學術自主

Ⅴ 理念之辯

的現象儘管已呈現出強弩之末的鬆弛,卻依然繼續存在著。在這樣的社會氛圍之下,民主自由化,贏得了韋伯所說,具有權威特質的正當性,成為從事各類社會改革的唯一神器。這個神器在人們的手中揮舞著,所向披靡,無往不利。在大學校園裡,以所謂「教授治校」為口號,推動校園民主化,當然也成為解除執政當局以政治手段干預大學校園之學術自由的不二手段。

以民主、自由做為奮鬥的目標,經過這些年來的努力,確實讓臺灣人民享受到了民主自由化的果實,但同時也讓各層面都嚐到了不少生硬的苦澀。把民主自由化做為一種理念來信仰,與做為一種制度來實作,其間必然會有著一段不小的落差。尤其,社會裡種種主客觀條件尚未充分成熟時,這個落差便會更加擴大。以致,民主自由化不但沒有讓原先預期的美夢實現,反而,會帶來一些相當棘手的負面效應,而且還大都是始料所難及的非預期性結果。今天,當我們回顧這段時間在大學校園裡所推動之民主化的「教授治校」的狀態,正是如此。

十九世紀法國思想家托克維爾(Tocqueville)在其所著《美國的民主》一書中曾指出,民主的制度要能充分發揮其優點,需要有一些條件配合。否則的話,民主政治不只永遠是屬於平庸人主導的政治。而且,許多制度內涵的結構性缺點,諸如行政決策過程的冗長緩慢、缺乏效率、或民選領導者為討好選民以獲得連任,決策措施往往傾向表面立即性的短利,而缺乏具理想性的遠見思考、或陰謀與腐化一向乃伴隨民選政府而來,成為天然的弊端 等等,就會不斷地一一浮現出來。經過長期的觀察,托克維爾認為,假若一個國家領土小、人口少、且一般

48. 超理性的偽理性

文化品質整齊而水準高，民主制度的長處就比較可以充分地發揮。

這也就是說，就文化的角度來看，民主政治體制的優點要能充分發揮，至少要有一定的民主文化素養與之匹配。況且，政治的運作，是否能貫徹基本的理念，原本即已超越採取何種制度的問題；其所涉及的，並非單純制度性之權力制衡機制的良窳，而是人們（特別是政治菁英）對基本政治理念是否有所矜持。

十八世紀的啟蒙運動具有一個相當明顯的歷史性格，簡單地說，就是肯定人具有「理性」，而且有能力可以把它充分地展現出來。在歷史軸線的導引之下，「理性」表現在不同的社會領域裡，也同時以各種不同的方式予以證成。其所展現的社會特質最為基本、且顯著的，莫過於是企圖以「理性」思維建構一套系統化的理論性論述。並進而以此種論述為基礎，細膩地經營種種具體可行的方案，帶引人們的實際做為。法國大革命的產生，就是一個最好的例子。以理論帶動實踐的社會實作邏輯，可以說是西方啟蒙理性的基本精神內涵。在這樣的歷史氛圍的薰陶下，大學，做為社會的一種制度性機制，它承受著啟蒙「理性」精神的影響，而成為「理性」施展的一個重要場域。

基本上，就其功能而言，大學扮演著宣揚與證成啟蒙理性精神的根本角色。它的結構性特色是以論述性的形式，為社會創造（包含修飾）共同理想。同時，透過教化的管道把這份共同理想傳遞給下一代。因此，大學必然是具備理想性格，做為帶動整個社會往更合理、更和諧之境界邁進的發動機。

Ⓥ 理念之辯

　　以這樣一個極具歷史意義的社會責任做為前提，我們不免會期待、也必需要求形塑大學如此之制度性組織的核心人物－教授，做為整個社會的重要核心菁英，應當具備高品質的理想性格與原創能力。而為了充分展現理想性格與原創能力，則維持學術自由是絕對必要的，因此，「教授治校」，順理成章的成為學術自由得以維持的必要結構條件。

　　名義上，即使在國民黨專制的壟斷時代裡，大學已經是由教授來治理，學校裡重要的行政職務幾乎都是由專任教授來兼任。至少，在形式上，學校也有各種由教授組成的委員會，來處理學校內部的重要事務。所不同的是擔負這些具決策性職務的人選如何產生的問題。今天，社會輿論所以大聲疾呼要求貫徹「教授治校」，其所認知的內涵，顯然不在這樣層次上面，而是有著更進一步的要求。

　　無疑的，以民主方式產生校內各級行政負責人員，與透過民主方式來進行重大決策，是現實上對「教授治校」這一概念最貼近、也是最迫切的認知與要求。總的來說，校園民主化即等同於「教授治校」，至少是落實「教授治校」最基本的形式要件。就在社會裡普遍瀰漫著這樣的迷思氛圍的情形之下，民主化成為引導社會變遷的基本方向，也是謀求社會發展的手段。當然，更是發展的目的。這麼一來，民主化不只是萬靈丹，而且是供奉在案桌上神聖不可侵犯的神主牌。

　　然而，由於政治勢力以種種烏暗、齷齪而卑鄙的方式污染著大學校園，使得整個高等教育的理想性格幾乎喪失殆盡。即使一個大學教授可能學有專精，卻未必有著知識份子的風範。

48. 超理性的偽理性

　　尤其,長期以來,執政當局有意以「愚民」化的教育方式來進行有效的統治,就是把大學教育實用化,將大學等同於高級專業職業的訓練所。於是乎,鼓勵學子對科學知識做到學有專精,但是,對社會理想的追求與認識,以及對大學之社會意義的瞭解與肯定等等問題,最好是形同白癡,不要有所質疑,也不要有所聞問。在這樣的教育體制之下,即使是大學教授,對一般有關人文社會的基本認知素養,便也十分欠缺,或相當地不成熟。對大學的社會角色,更是無所認識。因此,縱然有心扮演好大學教授的社會角色,卻往往心有餘而力不足,不知應當如何作為才恰當。

　　在如此的現實條件下,大學教授或許在專業領域裡有一流水準的表現,但是,對大學教育之社會角色,卻缺乏具通識性的全盤認知。影響所及,並非只是教育水準低落與方向定位有所偏差而已。認知上的偏頗與狹隘,間接地更波及了一個教授在治學與教學的基本倫理觀。而在民主化潮流的推動下,這種認知上的偏頗與狹隘,以及由此衍生的基本教育倫理觀,在透過投票的多數決原則,甚至精心的設計操弄下,無形之中成為最影響大學發展的驅動力量。

　　現實上,臺灣的大學教授並沒有因為學歷高,更沒有因為絕大多數都留學過西方民主國家,直接或間接地受到民主文化的洗禮,而有著較為成熟的民主素養。基本上,他們不但沒有與整個社會之惡質政治文化隔絕;反而,相當程度地浸染在現實社會的文化氣息裡。於是乎,在充斥著如此之政治文化氣息的情況下,即使在我們特別期待,應該乾淨、理性的校園選舉,

Ⅴ 理念之辯

也將市井間所有的惡質文化，諸如派系運作、黑函攻訐、期約承諾、搓圓仔湯，乃至各種方式的賄選，均一一以更精緻、算計過的方式，渾身解數的使出。

無疑的，在惡質的政治文化已成為臺灣人普遍的習癖下，大學教授假若欠缺知識份子的道德風範，更不具人文博雅精神與遠見的大學理念的薰陶，便與市井小民一般，逕而在校園中實踐民主選舉，所帶來的結果，當然是平庸的多數意見成為決策權力的來源，貪婪自私的人性成為權、利場中的掠取者。

大學教育品質的庸俗低落與理想的淪喪，成了民主運動的後遺症！這的確是當年以校園民主化做為策略來顛覆國民黨之政治干預的改革推動者，始料所未及，而最為痛心疾首的。

三、大學民主化的變調

當然，理論和實作是有落差的，民主的理想和實踐，在即使應該最具備理性性格和民主化條件的大學校園，依然逃不脫俗世間挫敗的命運。臺灣的大學校園，長期在政治勢力的汙染和貶抑下，早已失去理想性格，不用說如西方的博雅教育能形塑完整的人格，即使連民初北大的人文學風也望塵莫及。尤其經過幾次重大的整肅行動，如民國38、39年的白色恐怖、50年代的自覺運動、臺大哲學系事件等等，校園早已噤若寒蟬，一片死寂。

在這樣的情境下所培養出的新世代教授，專業能力或許出類拔萃、傑出卓越，但對於教授所應擔負的社會責任卻缺乏認

48. 超理性的偽理性

知，進而對治學與教學間應有的責任與倫理分際，亦失去掌握。竟至將民主誤解為數人頭的投票行為，將校園民主玩弄得比俗世更為幼稚鄙俗。

也許根本不是誤解，只是以教授的聰明睿智，當涉及個人權益時，更能利用民主的手段，以遂行自我的私慾吧！

大學校園中，利用民主程序，達成個人權位、學術盛名或獎助利益之情形，不勝枚舉。其中影響最深刻的莫過於臺大首任民選校長主持法規修訂，竟自行延長任期，其無恥度不亞於國人皆曰可恨的萬年國會。另外，學術抄襲案，一個證據確鑿，當事人也不否認的客觀事實，竟可由院務會議以投票的民主形式，來否決的荒謬行徑，竟能發生在原應最具理性性格的大學校園內。

這些不過是最匪夷所思，影響卻無限深遠的犖犖大者。

賦予大學自治權，還給大學自由後的大學法，經過竊奪權力者濫用民主程序的運作下，校長成了絕對權力的獨裁者，作假，抄襲之風如野火燎原。大學法靈魂已死，徒餘軀殼。

至於日常，各種代表不過虛應形式，各項會議只是校長的手套，有功享之，有過推之。所有種種完全不符合民主精神的體制，都有各種法規為依據，都是整套制度中的一環。當然，更不用質疑的是，他們都符合民主的程序，只要有所質疑，一定推託是投票決定的。任何違反學術倫理，甚或違背道德良心的事，都因法律沒有規範。一切一切，法有規定或法沒規定，都是藉口。總之，有民主，有法治，便使得一切都「正確」了。

校園中的民主，將法規範無限上綱，使法的功用應用至極

Ⅴ 理念之辯

致,甚至連人格和倫理都企圖透過法規將之規格化,正應驗了韋伯的預言,在後工業時代的世界裏,每樣事物最終都會臣服於形式的規範,因為未經管理的人類行為越來越少,這是現代官僚主義國家的必要條件。而制訂法規範,在大學中是極其容易的,連自行延任這等絕對違反法理的條文,都會有法律專家幫忙擬訂。有了法條文,再經過舉手通過,權力取得合法性、正當性和有效性,條文中所要遂行的個人利益,就此暢行無阻,而大學成員也很快的會變成無所不在的規定的奴隸。

大學被期待也自許是實踐理性的場域,知識份子尤其是自然科學者,更有追求合理化的偏執傾向。然而,在過度理性化的世界裏,在理性的實踐過程中,真正的法律權威變成了不講道理的、不能質疑的、戴著偽裝面具的命令。對「理性」的「非理性」崇拜,不是助長權力者的暴力,便是使得形式主義法學演變成工具性的實物,而使「理性」成為「偽理性」。大學理性的基礎必須奠定在獨立自由、富原創力的條件之下,過度膨脹的理性主義,以及假藉理性的形式主義,不論其動機為何,都是戕喪學術自由、湮滅個人意志的元兇。

四、現實的難題

大學實踐民主的不盡理想,打擊了許多人對民主的信心,復辟之聲成了主流,教育部正好藉此奪回對大學人事的主導權。而藉著民主的要求,教育部反將一軍,將財務困難交由大學自傷腦筋,使大學更走向實用化的深淵。至於推動多年的通識教

48. 超理性的偽理性

育,迄今仍多淪為營養學分,割裂後的知識傳授對塑造完全人格並無多大助益。

這一切,我們能將之全部推諉於民主之過嗎?

民主無罪,在尚無更完美的制度取代之前,民主所揭櫫的尊重、包容、自由、開創仍是最符合人性發展的基本元素。而所以會有今天的結果,應該全是「人」的因素。民主所設計下的制度,原本即是在「人性本惡」的前提下,以權力制衡、權責對等的觀念抑制權力的擴張,以防止權力的腐化。可是由於制度的推動和被遵守,又須仰賴人性中另一面的善良。在公民意識下,願意被制度所制約。雖然這是非常弔詭的邏輯,民主體制卻賴此得以維繫。

大學中推行教授治校,以確保學術自由,是無可迴避的不歸路。目前的體制其實並沒有大惡,是「人」在扭曲其基本精神罷了!目前最需要的不過是由最恰當的人去維護和推展,而且,道德和政治的問題,並不能都靠法律來解決,最根本的,還是得從改善大學內部人文素養做起。

人文化成的工作是重大工程。當然,最重要的是學術界的領導人,尤其是大學校長要能發揮風行草偃的君子德風,拋棄個人私慾,擔負起責任,讓民主的根本精神得以實現。大學的成敗,歷史的評價,最後終究都是要由校長來承擔的。

至於校園中另一重要的主體,最影響及學生的受教者,當屬為數眾多的教師們。社會常要求教師言教不如身教,作經師更要做人師,但在今日的大學,恐怕已成極其奢侈的高調。大學如今幾乎淪為講求實用知識的專業訓練所,師生關係有如買

V 理念之辯

賣般的淡薄，教師人文素養不足，難以擔當培育通識人才的大任，這種種現實問題，目前所推動的各項獎勵辦法，再推波助瀾，惡化校園風氣上亦難辭其咎。

大學的功能固然教學、研究、服務三者並重，然而，目前凡是涉及升等、獎勵等等關係到學術成就的政策，無一不是以研究成果，尤其是，「量」來做為評鑑的基準。至於研究的品質，雖有各種評審關卡，但卻無時不有品質在客觀上就可判斷極為粗糙，甚至抄襲者屢屢得獎的醜聞。這些傳統文化中惡質的官僚、人情、馬虎、互利等等人的因素，助長了教師貪婪、欺瞞的品行，汲汲於名位，權力的攫取，又怎能作人師？又 如何能春風化雨，作育人才？

這絕對涉及制度層面，從大學應如何定位？研究、有無可能分殊異途？如何先行補實教師的通識能力，才有可能培育全人格的學生，以及確實的獎懲辦法等等，都應該是由有決策權力者所該深思並負責的。

49. 以學術良知把真相還給歷史

　　歷史，是人類生活的記載，文明發展的見證，容不得半點虛假。

　　學術追求的是真理，做學問的人也更被要求絕對的真誠，這種至為精純的倫理觀念，正是學術之所以受尊重的基礎。對學術倫理的堅持，在校園中，其實就是教育的重要內涵。

　　然而，由於資訊的閉鎖以及國人總是與人為善，不得罪人，過頭就成了鄉愿，縱容得即使是臺灣高等學術界虛偽作假的事，也總是層出不窮，而且始終沒有建立起釐清是非黑白的標準，也不曾有過公平合理的處置，學術倫理因此日漸淪喪。

　　就在這一年內，臺大就有商學所，森林所的抄襲剽竊事件。連體嬰分割主持規劃的功勞誰屬的爭議，更是紛紛擾擾。

　　坐骨連體嬰的分割不只是臺灣醫學史上劃時代的成就，即使在國際上也是一件了不起的大事，當時便已轟動社會。這麼重要的學術紀錄，既有爭議，弄清楚真相，已不純然是個人功過的問題，應該更具有還原歷史的意義。同時，藉著對此事件的釐清，對臺灣學術界學術倫理的重建，也是一次契機，豈可等閒視之。

　　從曾參與手術的其他幾位醫生的回憶中，我們可以確定，陳維昭醫生自始就追隨他的老師當助手，在四組之間連繫協調，功不可沒。我們也同意，一項龐大的醫學工程，當然是團隊共同努力的結果，榮譽歸大家共同享有，甚至還可歸之於是社會

Ⅴ 理念之辯

的成就。但是,以醫學界最為嚴謹的輩分倫理關係,以及人命關天的醫事責任,就有必要將之釐清,豈能使助手和主持者的職責和功能都予混淆,打一場混戰?

陳醫生之所以特別得到媒體的青睞,顯然是因為他擔任發言人和負責術後的照顧工作,和媒體多所接觸的緣故。但他在手術中並非主持規劃者,應是不爭的事實。然而,從他最初撰寫的著作,以致這十七年來透過媒體不斷的報導,社會大眾都理所當然的以為他就是這項成就的主持者,並以訛傳訛,深信「陳維昭」三個字等同於連體嬰,早已忘卻了這是集體的功勞。陳醫生自始也就微笑著接受媒體替他編織的桂冠,頂著虛幻的光環扶搖直上,不但馬上就獲選為十大傑出青年,以後也連連得獎,做了醫學院副院長,最後還做了臺灣第一位民選校長。

陳校長的成功當然不只這一項因素,可是不能否認「連體嬰之父」絕對是他最大的榮耀。臺大醫學院的教授們和臺灣寄生蟲學會在推薦陳院長參加臺大校長遴選的推薦書,乃至臺大推舉校長委員會送給校務會議的遴選報告,都明白推崇他在連體嬰手術上的貢獻。醫學院的教授們更大方的將集體的成就奉獻給陳院長,直指其為手術的主持人,多少也誤導了遴選委員會的判斷。對爾後臺灣大學自治的發展,不可謂不大。

這17年來,陳校長有太多機會去澄清其中的誤解,讓功勞與大家分享,但陳校長沒有這麼做;他的老師,真正的策劃人,洪文宗教授在隱忍了近17年之後,終於鼓起道德勇氣要還歷史原貌,竟被模糊焦點、矮化議題,被曲解為與徒弟爭功,最後要以表揚大家都有功的方式處理。這種和稀泥,完全不講是非

49. 以學術良知把真相還給歷史

的態度,還真讓我們見識到學術倫理已經沉淪到了什麼地步。

學術成就是一個學者的最大追求,尤其是蜚聲國際的紀錄,那等同於他生命的意義。洪教授在垂老之年,珍視這項榮譽的歸屬,應該得到尊重,更何況,學術的殿堂裡,本容不得半點虛矯。因此,學術領域特別需要建立尊重智慧財產權,以及客觀的評鑑制度。尤其是集體計畫,是未來研究的趨勢,其成就的分配更要趁此訂定出客觀標準,讓功勞歸屬適得其所,不只公平,對學術研究也才能產生激勵作用。

不過,話說回來,再好的制度也經不起人的扭曲。校園的問題,最後還是回歸到學術倫理、學術良知的堅持,以及知識份子風骨的展現上。尤其,一個大學校長,是清流的典範,道德的標竿,社會對之自有更高的期許。如果真有以助手身份,獨攬功勳的事實,縱使沒有非常積極的作為,僅是消極的不澄清真相,而坐享所有的功勳,其學術倫理和良知的評價,就很清楚了。

學術的成就,科技的發展,固然都是人類的驕傲,但俗世的糾葛卻斑駁了耀眼的光芒。連體嬰分割手術的成功,使張家兄弟能有今天的生命,但也因為當初手術的延遲、術後照顧的失當,而留下痛苦的後遺症,才真正令人心疼。

今天,追究事實的真相,主要為還原歷史,替學術建立倫理規範,卻彷彿是經歷一場真理和權勢的競逐。不還原事實,真相,反倒給人扣上派系、鬥爭的帽子,不僅無助於學術的精進,還作踐了自己,也汙衊了校園。

Ⅴ 理念之辯

50. 重整巨變年代中的高等教育

一、前言

　　教育，是促進社會階級流動，實踐公平正義，達成世界和平最重要的手段。自古至今，不論中外，每一個政府，無不將教育問題列為最重要的施政項目。聯合國也站在人權的立場，早就宣布：接受教育是所有孩童的基本權利。

　　然而，教育也是百年大業，未必能立竿見影，卻需要執政者有高瞻遠矚的恢弘氣度，與為生民立命的崇高理想，才能認真的看待這等未能為其選票立即加分的嚴肅課題。

　　可惜的是，臺灣似乎至今也未能出現如此偉大的領導人，以至，極權時期，教育，理所當然的只是馴化人民的工具。及致社會開放、民主體制漸具雛形的時候，又在眾聲喧嘩之下，急就章的推動教育改革，治絲益棼，幾至無不認為是徹底失敗的程度。或歸責於當時教改的領導人，李遠哲院士，或怪罪提出廣設高中大學口號的民間團體；或指責倡議教改的專家學者，不學無術，只圖已利。

　　教改再教改（為批判官方的教育改革諮議委員會，後來民間又陸續成立快樂學習教改連線、重建教育連線等等）、終歸無疾而終，徒然平添一絲漣漪，完全撼動不了既成的政策方向。只留下一代又一代的年輕學子，依然被困在由大人們操弄的惡劣環境裡，面對日漸黯淡的前程，不快樂的煎熬長大。

其實,臺灣教育所憂慮的不只是人謀不臧的混亂教改,更應該是面臨世代巨變下,不得不重整的教育理念、教育結構和教育內涵。那可是顛覆百年傳統的大變局,如果不能洞察趨勢,掌握機先,錯失的豈止是教育的墮落,更關係著臺灣發展的前景和全民的命運。

二、巨變年代的特質

從20世界中期,電腦出現,就展開了人類文明史上,繼文藝復興、工業革命以來的第三波革命。這項資訊革命來得彷如迅雷不及掩耳,又急又劇,使當代的每一個人,都無所逃遁的被丟擲在這股洪流之中。是千載難逢的幸運,更是挑戰,是站上浪頭,迎向顛峰,還是被巨浪淹沒,教育是最關鍵的因素。

尤其,21世紀,更是旗幟鮮明的標示著全然嶄新世代的來臨,不同於20世紀末期,還在摸索猶疑,不可置信的情緒之中。種種在20世紀中葉以後開始醞釀的新世代特質,至此更趨於明朗與確定。諸如:

(一)21世紀的特質

數位化(不具備數位素養,即首先遭到淘汰)

全球化(全球金融、高度連結、蝴蝶效應等特質,使得世界又平又小,國界、種族、性別等界限大部分均已破除,且將繼續不斷地消除差異)

市場化(是自由主義的物質基礎,但極致的發展也導致價

Ⅴ 理念之辯

值扭曲、壟斷和單元化，教育、媒體都是著例）

個人化（傳統的婚姻、家庭、社會關係都在面臨轉變）

知識經濟（以知識、資訊的取得控制取代工業經濟的原料、土地成本，以行銷服務凌駕製造、產品）

這只是例示其犖犖大者，實則，其對人類生存意義和價值，生活方式和態度都有不可言喻的影響。

（二）21世紀的困境

在如此震撼的變革下，人類也必然面臨及必須克服下列的挑戰：

自然生態的破壞，環保的急迫性

資源枯竭，更由於長期的放縱消耗，以及如中國、印度等大國的崛起對物質消耗及碳化都有極大的影響。

人口暴增，現已超過七十億，預估2050年將達90億，而且人口老化貧富差距擴大、造成社會緊張、衝突，並形成極端主義，防恐必成重要議題。

三、傳統高等教育（大學教育）的精神

（一）古典歐洲大學的傳統

現代大學之源頭，來自於歐洲中古世紀的大學如法國的巴黎大學，義大利的波隆那大學。乃至稍晚，13世紀出現的英國牛津、劍橋、德國的海德堡、科隆等大學，都與宗教有密不可分的關係，先從寺院，繼而教堂，最後才形成Guild的型態。

University 一詞,是指一個「接納來自世界各地的學生的地方」。最早由 19 世紀英國學者紐曼(John H. C Newman)將大學的理念定位在「傳授」學問,提供「博雅」教育(Liberal education),培養菁英人才的機構。而非「發展」知識,也非以教授為主體的研究機構。

19 世紀末期,大學性格發生質變。由德國洪博德(Von Humboldt)等人創導革新,從柏林大學改制,為大學標舉新的理念,以大學為「研究中心」,以「發展和創造」知識為核心價值,教學,不再是大學唯一的功能,教授,也因此成為大學裡的主角,指導著知識的發展。

德國大學以研究為重心的大學理念,在 20 世紀初期,廣為各國所推崇。蔡元培所改革的北京大學即以之為典範。美國在三〇年代,經由佛蘭斯納((A.Flexner)在「大學」(Universities)一書中將此理念闡揚光大,但將「教學」與「研究」並重,認為大學的目的不止在創造發展知識,也在培育人才。但大學絕不是「職業訓練所」,也不是社會的「服務社」。大學應該是「時代的表徵」,應該是「象牙塔」!大學不能隨波逐流,追隨世俗的好惡,而應把持永恆的價值,保存、創造和發現知識,維護文明、進行價值反思與社會批判的重要功能,有反思批判的能力,並有效地將最大利益散播給全人類。

二次戰後,德國哲人耶世培(Karl Jaspers)因德國大學受創最劇,乃深切思考大學的方向,而以「大學的理念」(The Idea of the University)一書最為經典,被後世一直奉為圭臬。耶世培將大學定位於是一個師生聚合以追探真理為目的的知識社

Ⅴ 理念之辯

群（Intellectual Community），大學的使命在忠誠與真理之探尋。大學的構成，一是學術性的教學，二是研科學與術數性的究，三是創造性之文化生活。因此，大學必須具有高度的獨立性和學術的自由，才能完成如此使命。但是，耶世培並不認為大學就因此與社會隔絕，不以大學要像古典牛津、劍橋一般，將技術視為難登大雅的雕蟲末技，完全排拒於大學牆外。而是將之融入，與大學整合成有機的「知識性的社會」。

（二）近代美國大學理念的變異

美國在戰後隨著國力的快速發展，大學也有驚人的進步，哈佛、芝加哥、耶魯、柏克萊等都發展成了世界一流，具領導地位的學府。

上述大學既承襲英國重教學，德國重研究的傳統，更配合美國社會快速發展的需求，引進「市場」概念，在數量、組織、成員、活動各方面都求新、求變、求大。極度的擴張下，學術專業化、分工極細密，完全供應社會的需求，象牙塔的高牆幾至傾頹。大學已成為「知識工業」的重鎮，社會的服務站。

1963年，加大總校長柯爾（Clark Kerr）在哈佛發表高金演講（Godkin Lecture）後結集為「大學之用」（The Uses of the University）提到，大學成為知識重鎮，為多元的「綜合大學」（Multiversity）。用大學的名義集合不同的社群與活動，彼此休戚與共，既有出世情操，亦備入世任務。科爾樂觀且充滿信心的認為，20世紀下半葉是個幸福的年代，是左右大學發展的關鍵年代。

多元大學的擴張，駭人到達十萬以上之，所開課程以萬來計算，五光十色，包羅萬象，卻各自專精於細微的技術，而互不相屬。發展成像城市一般的社區，距耶世培所期待的在大學校園相濡以沫，同過創造性的文化生活，鑄造全人格的學習，是已無可能的了。大學猶如社會的生產線，呼應社會需求，製造產品而已，原來難登大雅之堂的技術，已喧賓奪主，成了大學的主力。人，在大學中，已被淹沒了。

有真正的學者，教育家看不下去了。

牛津舒美克（E. F. Schumacher）以「小是美麗的」，（Small is Beautiful）主張大學應在大組織中獲求精小；哈佛羅威爾（Lowell）倡導住宿制（House System）以導師帶領學生，從生活中受教學習。芝加哥校長赫欽士，（（R. Hutchins）更不能容忍大學成了工廠，只提供人力，而無法培育完整的「人」。因此，芝加哥大學有如空谷回音，大力提倡典雅教育，開設經典課程、以小班教學，重視全人格的培育，德、智、體、群並重。培育能獨立思考，有自主能力、具完整人格，能領導社會的菁英極尖端的秀異份子，以期能恢復古典的教育精神。

四、巨變中的大學教育，大學的矛盾和掙扎

然而，在世代巨變中，大學在教育民主化和知識爆炸的潮流下，更是大型發展，連柯爾樂觀期待的「綜合大學」都已不符現實，危機叢生。

大學的問題，源自 20 世紀末期，各國財政資源的分配，幾

乎一致的在軍事、社福、醫療等方面極大化的擴充。相對的，排擠了教育資源。國家的補助遞減、就學的人數日增、基本投資數額越大，學費卻因教育的公共性質而不能無限度地提高（即使如此，高漲的學費已令一般平民負擔不起）。大學財務吃緊，品質低落。遍地都是求生存的哀嚎！為求生存，市場、管理和科技果真取代了宗旨、價值和真理！

到了2001年，連柯爾都要最後補充其著名的「大學之用」，寫道：各大學經費不足，創意缺缺，校方高層「沒有遠見，無法吸引新觀念與想法，只顧自己與學校的生存」。

大學，到20世紀末期，為求生存，已不僅是一個知識工廠，不僅只引進「市場」概念，而是根本將大學作為產業，當市場來經營。

1985年，Jack Maguire 成立顧問公司，推行 RCM（Recource Center Management 資源管理中心） 明言招生註冊的目的是達成並維持低錄取率、高報到率與續讀率以及最佳的畢業比率。這些指標即為「美國新聞與世界報導」大學排名的衡量指標。大學必須迎合這些指標，力爭排名，才能招攬到質精、量大的學生，維持基本的品質、保持原有的聲譽，連芝加哥大學都不能例外。

五、大學呼應市場的求生之道

利潤，賺錢，是大學追求的終極目標，原來自詡清高、以追求真理、孕育出人類精神文明和科技基礎的堡壘已告崩解。

50. 重整巨變年代中的高等教育

　　如何降低成本、加強管理，低價行銷、廣告形象和尋求財源，是大學校長，變身為經理人的主要任務。

　　雖然不出一些老式的管理學，但仍須不斷提升品質，建立競爭優勢。提供顧客獨特的核心價值，才能脫穎而出，永續發展。否則，即被淘汰，不待官方祭出退場機制。

　　因此，美國加州大學伯克來分校公共政策教授 David Kirp 所著「搶救大學，都是行銷惹的禍」（Shakespeare, Einstein, and the bottom Line）一書中，我們看到五花八門，用盡心機的大學促銷策略：

1. 外聘低廉的助理教師教授大班級，採高師生比。譬如 芝加哥大學：在上世紀最傲人的博雅教育反成包袱，必須增收大學部學生，改大班制，採學生為顧客的概念。

2. 以不合理的宣傳和錯誤的分類來吸引學生..製作符合顧客期望，發送強調校園娛樂生活的手冊，進一步採行行銷學中「先發者」制訂「原型」的理論。將目標對象鎖定高二學生，並持續追蹤，果然提升了大學入學者的質量。

3. 更改名稱以嘩眾取寵（如海貍學院更名為桃園大學，臺大農學院更名為生命科學院）

4. 降低學術水平或入學及畢業門檻（臺灣聯考有 8 分即可錄取，研究所有只要報名，即使缺考亦被通知入學的奇蹟）

5. 濫用新科技（數位學習或網路教學）來降低成本，增加獲利。哥倫比亞大學曾開設網路的「淵博網」，一敗塗地。麻省理工的網路課程則十分成功，但在 2010 年後，網路教學又再度起死回生。

6. 和軍、產、企業結盟，成為國防、企業的訓練所，加大柏克萊分校：矽材中心透過產學合作營造研究風潮，諾華藥廠可將校內成果聲請專利，壟斷學術，都頗受爭議。
7. 作假灌水，取得好排名，提高市場地位（評鑑是其中之一）
8. 濫開討好學生的通俗課程，如寵物保健、寶石鑑定，莎翁輕鬆讀、科學需實驗、魯蛇的心理課等笑談。
9. 提供在職 MBA 進修班或函授班或推廣班，如維吉利亞大學的達頓企管所，廣開企業進修班，唯採一國兩制，教材不得使用於正規班。
10. 布郎大學：提供自助式的新課程，將計分方式改為「及格」「不及格」，迎合新世代自主多元的特質。
11. 紐約大學：驚人的募款能力，大刀闊斧充實硬體，高薪延聘名師及名生，哲學系發展分析哲學而一鳴驚人。
12. 賓州迪金蓀學院進軍國際，打出「心靈佔有率」的招生策略。
13. 南加大以 RCM 制度，自負盈虧的作法，亂象百出，最後回歸中央集權。
14. 密西根大學以重稅來扶助弱小系所，獲得成功。
15. 迪威大學（依業界需求來開發課程）與鳳凰大學都有股票上市，（隸屬阿波羅集團，有 15 萬名學生，校園沒有圖書館，只在線上）完全在商言商，以營利為導向。瓊斯國際大學（Jones International University）只提供商業管理一門課。

　　林林總總，有成功的，有失敗的。有歷史悠久的名校，有新近崛起的機構，都是要在巨變的年代中為大學教育殺開一條生路。大學原有的宗旨，理念和價值，已乏人問津。

六、臺灣大學教育的現況

　　1994 年 410 教改聯盟發動全民運動，提出「廣設高中、大學」的口號後，迅即為政府所接納。職業學校先紛紛升格為專科學校、然後又以科技專校的名義升等為學院。為了有足夠的系能升等為院，只有擴充再擴充。最後，大家都升等為大學。短短的十幾年間，大學從原來的 28 所，遽增為 160 餘所，專科學校、師範學院幾乎全部提升為大學。大學窄門洞開，要不考進大學都很困難。以致品質急速滑落，教育資源稀釋，大學價值如自由落體般墜落。

　　大學品質低落，大學文憑迅速貶值。大學生在學校中學不到能貢獻社會的一技之長，畢業後找不到工作，或是 22K 的問題，成了社會關注的焦點。許多大學生因此選擇避入校園，不是延畢，就是再念研究所。校方為了填補研究所的缺額，大力鼓吹學生更上層樓，尤其優惠再進原校的研究所，方便之門大開，全不顧及學生的資質、及研究所原為做高深學術研究的宗旨。學校只為圖利自己，平白讓學生將最美好的青春歲月虛耗在並無價值的校園裡，讓高學歷高失業的問題再創新高。

　　在大開大學之門的同時，教育決策單位未考慮未來社會少子化的必然趨勢。大學供過於求，排名殿後的大學，年年都要為招生絞盡腦汁。上述的美國大學招生奇技，除了非明星學校，難以獲得政府或企業的合作青睞外，其餘如提高獎學金、贈送電腦、免學費、送出國遊學等等，在臺灣幾乎都曾依樣葫蘆過，但勉強升等的學校，體質欠佳，辦學不力，也只能苟延殘喘，等待退場。

Ⅴ 理念之辯

教育決策者的草率,並未考慮師資來源、原來由師範、技職、專院升等者,均可以在職進修或暑期補修、或函授的方式取得博士學位,轉任大學教師。事實上,國外各種參差不齊的大學亦繁如星斗,要取得學位也非難事。剛開放大學時,大量師資濫竽充數。待要退場縮減時,又形成另一類的社會問題。

既有如此眾多的大學,評比分類自有其必要,因此教育部開始進行大學的評鑑,也是應有的責任。不可思議的是,決策者完全不曾慮及這些大學倉促自專校升等,只是執政者討好民意的草率決定,並不是他們已具備大學以研究、教學和服務社會為宗旨的條件。

教育部的評鑑,以5年為一週期,名義上委託財團法人高等教育評鑑中心基金會來進行。評鑑所關涉的許多人事、社會牽連、評鑑委員的適任性等等難以避免的主觀因素不談,光是對大學及教師的評鑑以研究成果為主要指標,研究成果則以論文發表的篇數、論文的品質、論文被引用的次數,以及研究獲獎次數,與研究計畫案件的承接數。有關品質則要求有收錄在一些引文資料庫的論文期刊才能納入升等評量,也就是以SCI、SSCI、EI、A&HCI等為準。這等指標未區分學門種類及性質,以英文系統為採齊頭式的劃一平等,其實對某些科目,尤其是本土、地域性的特殊研究,有失公允。

而這些綿密反覆的教學與研究評鑑,發展出的評鑑指標,無形中形成圍限大學社群的重重網羅,是解除外部政府控制後的自我管制。大學教師因之逐漸失去彌足珍貴的自主性,並被馴化而自限於主流價值,終使大學成為知識工廠、失去原創的

能力。

再就高教的整體性而言，一概以研究成果為評量的最重要指標，迫使教師重研究而輕教學，卻無論原本性向、資質抑或學校的條件，是否適格，只得濫竽充數，因而犧牲了學生的受教權，致使大學品質如此低落，都是值得檢討的原因。

七、未來學習的趨勢

24歲的陳怡君就讀研究所二年級，不必花大把鈔票出國留學，在家就能上到麻省理工學院（MIT）教授的「電子電路學」，透過HTML5模擬電子元件，直接在網路上做實驗；40歲的知名部落客李怡志，在網路上修習密西根大學的「社群網路分析」，他每天利用通勤時間看英文論文，跟全球6萬名網友一起考試、討論作業，辛苦了8周，終於拿到結業證書，讓他直呼：「上班族不用回學校，也能免費學到產業最新知識！」

讓這一切發生的關鍵字，就是MOOC（Massive Open Online Courses，大規模網路開放課程）。透過網路打破時間、空間限制，更讓修課人數沒有上限。簡單來說，任何人只要擁有一臺電腦，能夠連得上網，就能夠免費享受到國際頂尖大學的課程。

過去只有社會金字塔頂端的學生，能夠踏入知識殿堂；現在有了MOOC，每一個人都有機會接受高等教育，而教授也會透過隨堂小考、回家作業、互動實驗、期中期末考、離線學習小組等設計，提供超越教室的求學經驗。

V 理念之辯

「五年後,我們將在網路上免費取得世界上最棒的課程,而且是比任何一所大學都還要更好!」早在 2010 年,微軟創辦人比爾蓋茲(Bill Gates)曾經如此預言,當年他透過旗下的基金會,投資 150 萬美元給可汗學院(Khan Academy),去年底又在 MOOC 領域投資 300 萬美元,期盼能夠幫助更多有需要的學生。

《紐約時報》形容 2012 是 MOOC 之年,它就像是一場「校園海嘯」(Campus Tsunami),正衝擊著高等教育的百年現場,「網路如何顛覆傳統媒體產業,同樣的狀況也將發生在大學身上。」

這是「數位時代」雜誌 2013 年 2 月號上的一篇報導,顯示著從現在開始,大學教育已打破了圍牆、地域和國界,不需要有校園、不需要有教室,更不需要受限於同學、時間。完全顛覆了自中世紀以來的教育傳統,不論是古老的博雅教育,還是美式的綜合大學,都已無爭論的餘地,必須臣服在 21 世紀數位時代來臨的網路教學底下。

哥倫比亞大學為了挽救財務危機,曾先創「淵博網」企圖走出新路子。不巧恰逢金融風暴,網路教學曾經泡沫化,而以失敗收場。但隨著科技的再改進,目前乃告成熟,而能以商業規模再度上場,提供付費服務,穩定發展。

目前全球 MOOC 主要分為三大平臺:包括 Coursera、edX 和 Udacity。開放課程超過 2000 門。其中 Coursera 與布朗大學(Brown University)、哥倫比亞大學(Columbia University)、普林斯頓大學(Princeton University)等常春藤名校,以及美國

史丹佛大學、密西根大學（University of Michigan）、柏克利音樂學院（Berklee College of Music）等33所知名大學合作。網路、遠距教學終將登上教育舞臺，成為要角。

即使不刻意追尋最先進的科技，我們一樣很容易的在自家客廳參與了哈佛，麥可．桑德爾（Michael Sandel）的「正義——一場思辨之旅」（Justice, What's the right thing to do？的課程。

這就是21世紀，數位化、科技化、全球化、個人化、市場化，知識經濟下的教育現場。

面對巨變下的新趨勢，長期來課堂上傳授知識的方式必須改變、再也不能沿襲以教師為獨尊的主導者，以講光抄、背多分等灌輸式的學習的模式，採用刻板量化的評量標準（如閱讀和數學程度）。而是要引導學生學習如何以學習和創新為目標。尤其，21世紀的學習必須匯集知識工作、思考工具、數位生活和學習研究4種力量，才能培育出有足夠競爭力的新世代。包括：

工作與生活的能力

口說和文字、社交的溝通能力

嚴謹思考和解決問題的能力（學生能夠有效論述、使用系統思考、做出判斷與決定、解決問題）

團隊工作及分工並跨界合作的能力

領導才能及管理專案的能力（領導指引他人、對他人負責）

Ⓥ 理念之辯

資訊、媒體與科技素養的能力

　　數位素養；有效地取得資訊；嚴謹並適當地評估資訊；發揮創意、正確地使用、管理資訊；專業水準和工作道德

學習及創新的能力

　　培養學生提出疑問、對新概念抱持開放的態度、高度信任、從錯誤、失敗中學習以及耐心等能力

八、重整高等教育的定義和結構

　　康德（Immanuel Kant）「教育論」：人只有靠教育才能成人，人完全是教育的結果。

　　整體教育應該有的四大目標，在於：貢獻已力於社會、展現個人天分才能、實現公民責任、傳承文化與價值。而教育的對象是學生，就應以學生長遠的利益為終極目標，而非國家需要、市場價值或政客利益，甚至學生自我的喜好。

　　至於，高等教育應重基礎研究，基礎研究要源起於研究者的好奇心，希望能揭露自然或是人類的奧秘這類知識的本質，而非為了獲利而研究。高等教育確如耶世培（Karl Theodor Jaspers）所定義的，一要研究、二要教學、三要過創造性的文化生活。

　　也因為高等教育必須與世俗與商業保持一定距離，以確保其獨立與自由，使能純粹的追尋真理，反思並批判現實價值，

創造人類的新文明。所以,以其如是濃厚的公共性格,不但要由國家憲法加以保障,更要由國家經費給予支援。全力來建構和維護這樣的堡壘,回復頂尖的菁英教育,培育秀異人才。

然而,在 21 世紀的大學,既由數位取代了校園、個人即可個別完成需要集體合作的創作,傳統的教育型態已被全盤顛覆。顯然已不能周全的完成典雅教育的目的,而成為知識產業或職技訓練的一環。這樣的趨勢銳不可擋,也不應逆勢而為,只有讚嘆,沒有猶疑。

那麼,重新定義大學的意義和內涵,也是必然的。讓一般的大學回歸一般的教育系統,甚或將某些部分納入自由市場,由企業參與,應用供需法則,就如網路平臺的經營以及麥當勞集團漢堡大學的成功,可為範例。

大陸人讚嘆臺灣最美的風景是人,提升國民素質,讓想讀大學的人都有大學可讀,是廣開大學的正面效益。但必須要讓大學分類,殊途同歸,不偏廢基礎研究和尖端人才的培育,也不虛擲年輕人的青春,紮實養成新世代的競爭能力,才是教育的共同目標。

國家圖書館出版品預行編目（CIP）資料

匍匐在高教改革的路上 / 賀德芬著 . -- 初版 . --
新北市 : 華藝學術出版 : 華藝數位發行, 2018.02
　面；　公分
ISBN 978-986-437-145-7（平裝）

1. 高等教育　2. 教育改革　3. 文集
525.07　　　　　　　　　　　　　107002251

匍匐在高教改革的路上

作　　　者／賀德芬
責任編輯／黃建豪
美術編輯／李婉君
版面編排／李雅玲

發　行　人／常效宇
總　編　輯／張慧銖
業　　　務／林書宇
出　　　版／華藝學術出版社（Airiti Press）
　　　　地　　址：234 新北市永和區成功路一段 80 號 18 樓
　　　　電　　話：(02)2926-6000　傳真：(02)2923-5151
　　　　服務信箱：press@airiti.com
發　　　行／華藝數位股份有限公司
　　　　戶名（郵政／銀行）：華藝數位股份有限公司
　　　　郵政劃撥帳號：50027465
　　　　銀行匯款帳號：0174440019696（玉山商業銀行 埔墘分行）

ISBN ／ 978-986-437-145-7
DOI ／ 10.6140/AP.9789864371457
出版日期／ 2018 年 04 月初版
定價／新台幣 420 元

版權所有・翻印必究　　Printed in Taiwan
（如有缺頁或破損，請寄回本社更換，謝謝）